FACULTÉ DE DROIT DE PARIS

DE

L'OCCUPATION

EN DROIT ROMAIN

DES CONDITIONS DE VALIDITÉ

DES

BREVETS D'INVENTION

EN DROIT FRANÇAIS

THÈSE POUR LE DOCTORAT

L'ACTE PUBLIC SUR LES MATIÈRES CI-APRÈS
Sera soutenu le jeudi 18 février à 1 heure 1/2.

PAR

Paul-Stanislas MARTIN-SAINT-LÉON

Président : M. LYON-CAEN

Suffragants : { MM. RATAUD, professeur
RENAULT, id.
JOBBÉ-DUVAL, agrégé

PARIS

LIBRAIRIE NOUVELLE DE DROIT ET DE JURISPRUDENCE
ARTHUR ROUSSEAU, ÉDITEUR
14, RUE SOUFFLOT ET RUE TOULLIER, 13

1886

DE L'OCCUPATION

EN DROIT FRANÇAIS

DES CONDITIONS DE VALIDITÉ

DES BREVETS D'INVENTION

EN DROIT ROMAIN

FACULTÉ DE DROIT DE PARIS

DE

L'OCCUPATION

EN DROIT ROMAIN

DES CONDITIONS DE VALIDITÉ

DES

BREVETS D'INVENTION

EN DROIT FRANÇAIS

THÈSE POUR LE DOCTORAT

L'ACTE PUBLIC SUR LES MATIÈRES CI-APRÈS

Sera soutenu le jeudi 18 février à 1 heure 1/2.

PAR

Paul-Stanislas MARTIN-SAINT-LÉON

Président : M. LYON-CAEN

Suffragants :
{ MM. RATAUD, professeur
RENAULT, id.
JOBBÉ-DUVAL, agrégé

PARIS

LIBRAIRIE NOUVELLE DE DROIT ET DE JURISPRUDENCE

ARTHUR ROUSSEAU, ÉDITEUR

14, RUE SOUFFLOT ET RUE TOULLIER, 13

1886

MEIS ET AMICIS

INTRODUCTION

La propriété a une double origine, l'occupation et le travail.

Si nous cherchons à déterminer la proportion dans laquelle chacun de ces éléments a concouru à former le patrimoine actuel du genre humain, nous voyons que la part du travail est de beaucoup la plus forte; il suffit pour s'en convaincre de comparer la somme de services que donne la terre sur un continent civilisé, couvert de constructions, de routes, fertilisé par la culture, et ceux qu'elle donnerait sur un continent vierge ou une île déserte.

Le nombre supérieur d'habitants qui pourra vivre sur le premier, et la somme plus considérable de bien-être, réparti à chacun d'eux, mesurent la valeur du travail.

Cependant le travail matériel ne peut s'exercer que sur une matière première; de là à l'origine des sociétés, la nécessité de l'occupation. Chacun a pu légitimement s'attribuer les choses qui, n'appartenant à personne, restaient improductives, les cultiver, les transformer, en multiplier la valeur par son industrie, et recueillir seul les fruits de son activité.

L'occupation ne tient plus, dans notre droit privé, qu'une place restreinte, et même Treilhard, dans l'*Exposé des motifs de la loi relative à la distinction des biens* [1], prétend qu'elle est désormais abolie. C'est une erreur, et la plupart des exemples d'occupation, cités aux *Institutes* de Justinien, peuvent toujours être proposés. Ajoutons que l'occupation peut s'étendre aujourd'hui sur un domaine inépuisable, celui de la propriété intellectuelle.

Nous étudierons, dans la première partie de cette thèse, l'occupation en droit romain ; nous traiterons, dans la seconde, des conditions nécessaires pour que l'inventeur puisse prétendre sur sa découverte à un droit exclusif.

---

[1] Séance du 23 Nivôse, an xii (art. 539 C. civil).

« Tous les biens vacants et sans maître, et ceux des personnes qui décèdent sans héritiers, ou dont les successions sont abandonnées, appartiennent au domaine public. »

DE L'OCCUPATION

CHAPITRE I

CARACTÈRES GÉNÉRAUX

Les Romains divisent en deux groupes les modes d'acquisition de la propriété à titre particulier : ceux du droit naturel et ceux du droit civil ; ces derniers sont exclusivement réservés aux citoyens romains ; ils comprennent la mancipation, l'*in jure cessio* (l'une et l'autre supprimées par Justinien[1]), l'usucapion, l'adjudication, la loi. Nous n'avons pas une énumération aussi précise des modes d'acquérir du droit naturel ; Théophile (livre 2, t. IX, § 6) en compte quatorze, mais ses divisions sont excessives et plusieurs des exemples qu'ils nous donne doivent être rangés dans une même classe. D'après le système qui tend à prévaloir aujourd'hui, ces modes se borneraient à l'occupation et à la tradition ; nous serons conduit à examiner s'il ne paraît

---

[1] La *cessio in jure* a disparu avec les formes qu'elle avait précédemment ; mais le procès fictif est de tous les temps et de toutes les législations ; si elles ne le règlementent pas, du moins elles le tolèrent et ne sauraient l'empêcher. De nos jours, lorsque les parties s'entendent pour soumettre ce que la pratique a nommé un *dispositif*, aux tribunaux, et que ceux-ci consentent à en faire le texte de leur décision, et à lui donner la forme d'un jugement, il y a une sorte de *cessio in jure* qui peut s'appliquer à toute espèce de droits.

pas plus conforme aux textes d'en compter un plus
grand nombre, en étudiant certains cas d'acquisition qui constituent comme l'occupation une conquête de l'homme sur la nature, et que quelques
interprètes font rentrer dans ce mode d'acquérir,
malgré des différences notables qui les séparent[1].

L'occupation, et dans les cas déterminés dont nous
parlons l'accession, se différencient plus spéciale-
ment des autres modes d'acquisition de la propriété ;
ce sont des modes originaires, impliquant acquisition sans qu'il y ait une aliénation correspondante,
ils ne nous font pas succéder aux droits d'un propriétaire antérieur ; il en résulte que les biens qu'ils
mettent entre nos mains nous arrivent libres de
toutes charges.

. Suivant la définition que donne Pothier, dans ses
Pandectes, l'occupation est la main-mise sur une
chose matérielle qui n'appartient à personne, ou
qui appartient aux ennemis, avec l'intention de la
faire sienne : « *Occupatio est apprehensio rei corpo-*
ralis, quæ aut nullius, aut hostium sit, cum animo
eam sibi habendi. »

Elle comporte ainsi un double élément : 1° la prise de possession ; 2° l'absence d'une propriété antérieure.

---

[1] Etienne, *Institutes* de Justinien, t. 1, p. 227.

CHAPITRE II

DE LA POSSESSION.

Les diverses étymologies que l'on a données du mot *possessio* reproduisent toutes l'idée de puissance sur une chose : *sedere, quasi possidere sit posse sedere* [1] — *pes, quasi pedum positio* — *posse* pouvoir. Posséder une chose c'est être à même d'en user selon sa volonté.

Il faut distinguer la détention qui n'est que le fait matériel d'avoir la chose à sa disposition, de la possession proprement dite qui comprend tout à la fois la détention de la chose : *corpus* ; et l'intention de la considérer comme sienne : *animus domini*.

Les Romains nomment généralement la première « possession naturelle », et la seconde « possession civile », mais leur terminologie n'est pas absolument fixée, peut-être d'ailleurs à cause de son impropriété dans les espèces relatives à l'occupation. Ainsi lisons-nous Liv. 41, t. II, D. L. 1. « *Dominiumque* « *rerum ex naturali possessione cœpisse Nervœ filius* « *ait.* » Or la possession nécessaire pour que l'occupation soit accomplie comporte tout à la fois le *corpus* et l'*animus* c'est la possession dite civile, qualification qui eût présenté ici une sorte de contresens, l'occupation étant un mode d'acquérir du

---

[1] C'est l'étymologie que donnent les auteurs Romains. L. 1. D. Liv. 41, t. II.

droit des gens : « créé par la nature en même temps
« que le genre humain, tandis que le droit civil
« n'a commencé à exister que lorsque des cités fu-
« rent fondées, des magistrats établis et des lois
« édictées » (Inst, L. 2, t. I, § 11).

A. Le *corpus* est acquis au moment où la puissance exclusive sur la chose peut s'affirmer d'une
manière certaine.

C'est ainsi qu'il ne suffira pas au chasseur de
blesser l'animal poursuivi, pour qu'il y ait de sa
part prise de possession, parce que disent les *Institutes*, (L. 2, t. 1, § 13) bien des accidents peuvent
encore en empêcher la capture. Mais on ne va pas
jusqu'à exiger le contact matériel entre le possesseur et la chose, lorsqu'il n'existe pas d'obstacle
qui puisse rendre l'appréhension douteuse : le gibier
pris au piège est dès lors au pouvoir du chasseur et
lui appartient avant qu'il ne s'en soit manuellement
saisi (L. 41, t. 1. D. Loi 55).

Suivant le même principe, la prise de possession
n'a pas besoin de s'affirmer aussi énergiquement
pour être aussi significative lorsque les difficultés
capables de l'entraver deviennent moins probables.

Elle s'accomplit donc plus facilement lorsque la
chose est déjà détenue par un tiers qui consent à
s'en dessaisir et à la transmettre, en un mot quand
il n'y a plus occupation mais tradition. La posses-

sion est transmise à l'acheteur lorsque le vendeur
lui a remis les clefs de la cave ou du magasin dans
lequel les marchandises vendues sont renfermées,
mais toutefois à la condition que cette remise de
clefs soit faite près du magasin (L. 74. D. liv. 18, t. I),
car s'il n'est pas nécessaire que le possesseur appré-
hende la chose au moment où naît son droit, il faut
qu'il ait au moins le pouvoir de l'appréhender si bon
lui semble.

On admettait de même que la tradition était accomplie lorsque le vendeur montrait à l'acquéreur
l'objet livré, pourvu que rien n'empêchât d'y accé-
der, et qu'il ne pût être changé de place ; s'il s'agissait par exemple d'un terrain, ou tout au moins d'un
objet mobilier difficile à mouvoir (L. 26. D. liv. 41,
t. I).

Il est nécessaire à la prise de possession que le
corpus soit nettement déterminé dans l'esprit de
celui qui prend possession. S'il n'est pas obligé de
parcourir le fonds de terre qu'il prétend acquérir,
s'il lui suffit d'y poser le pied ou même dans certaines conditions de se le faire montrer. il faut au
moins qu'il en ait une idée exacte : « *Qui ignorat nec
tradere nec accipere id quod incertum est, potest.* » (L.
26. D., liv. 41, t. I).

Les objets matériels, seuls, sont succeptibles de
possession : « *Possideri autem possunt quæ sunt corpo-*

ralia. » (L. 3. D. liv. 41, t. II, Paul). On n'avait admis qu'assez tard l'idée d'une *quasi-possession*[1] sur les choses incorporelles telle qu'une servitude. Cette conception d'ailleurs est inutile à l'étude de l'occupation dont elle n'augmente pas le champ d'application. Il ne peut être question, en effet, en dehors de la propriété intellectuelle, inconnue aux Romains, de *quasi-occupation*, car en supposant qu'un droit d'usufruit, ou tout autre démembrement de la propriété soit abandonné par celui qui le détient, il ne devient pas *res nullius*, mais fait retour au nu-propriétaire.

B. — La volonté de se comporter comme propriétaire, c'est-à-dire l'*animus domini*, est la seconde condition nécessaire à la possession. Il ne suffit pas, pour en être possesseur, de détenir un objet matériel, il faut de plus avoir l'intention d'user, si bon semble, du pouvoir que cette détention donne.

---

[1] La division des choses qui composent le patrimoine, en corporelles et incorporelles, en biens et en droits, ne saurait être rationnellement justifiée. Le patrimoine ne comprend que des droits ; dire qu'une chose est dans notre patrimoine c'est confondre le droit de propriété que nous avons sur cette chose avec cette chose elle-même. Le droit de propriété est une abstraction, une chose incorporelle, comme tout autre droit. La distinction entre la possession et la quasi-possession repose donc sur une conception erronée. La possession d'une chose est l'exercice du droit de propriété sur cette chose, comme la quasi-possession d'une servitude est l'exercice d'un droit sur la chose soumise à cette servitude. Si la possession est l'exercice d'un droit, sa nature ne change pas suivant l'étendue de ce droit.

« *Et apiscimur possessionem corpore et animo; neque*
« *per se animo, aut per se corpore* » (Paul, loi 3, D.
L. 41. t. II).

En conséquence, on n'opérerait pas la tradition
d'une chose en la remettant entre les mains d'un
tiers pendant son sommeil (L. 1, § 3. D. liv. 41,
t. II).

De même celui dans le champ duquel un trésor
est enterré, sans qu'il le sache, n'en est pas posses-
sesseur (L. 3, § 3. D. liv. 41, t. II).

En règle générale, le droit romain ne permet pas
d'acquérir par l'intermédiaire d'une tierce personne
non soumise à la puissance de l'acquéreur. On admettait une exception en matière de possession :
« ..... *Et hoc quod dicitur, per extraneam personam*
« *nihil acquiri posse : excepto eo, quod per liberam*
« *personam, veluti per procuratorem, placet, non so-*
« *lum scientibus sed etiam ignorantibus vobis acquiri*
« *possessionem, secundum divi Severi constitutionem* »
(Inst. L. 2, t. IX, § 5). « Le principe est que vous
ne pouvez rien acquérir par l'entremise d'une tierce
personne, non soumise à votre puissance, à l'exception toutefois de la possession, qui peut vous être
acquise par une personne libre, telle qu'un mandataire, et cela sans que vous le sachiez ou à votre
insu, conformément à une constitution de Sévère. »

Il ne faudrait pas, cependant, exagérer la portée de l'exception ; Paul la restreint dans les termes suivants : « *Possessionem acquirimus et animo et corpore,* « *animo utique nostro, corpore vel nostro vel alieno* » (Sent. L. V, t. II, § 1). Une chose, en effet, est à notre disposition lorsqu'un tiers la détient en notre nom et dans notre intérêt (L. 51, D. liv. 41, t. II). Mais cette faculté d'employer l'intermédiaire d'autrui pour acquérir la possession n'existe que relativement au *corpus* ; on ne peut emprunter l'*animus* d'autrui, il doit nécessairement, sauf dans certains cas particuliers, exister en la personne du possesseur.

Si on emploie l'intermédiaire d'une tierce personne, il n'est pas, à la vérité, nécessaire qu'on soit informé de l'instant précis où s'accomplit l'appréhension matérielle de l'objet, mais il faut qu'on l'ait voulue par avance, ou qu'on y ait consenti après coup, et dans les deux cas la possession ne date que du moment où il y a coexistence du *corpus* et de l'*animus*. Le mandataire qui agit par ordre acquiert donc au mandant au moment précis où il prend livraison ; si le tiers agit sans ordres, il n'y a possession, pour le compte du représenté, qu'au moment où l'opération est par lui ratifiée [1] (L. 42, § 1, D. liv. 41, t. II).

[1] Si donc je charge un tiers de ramasser des coquillages sur le

C'est en ce sens qu'on doit entendre la règle précitée des Institutes « *placet non solum scientibus* « *sed et ignorantibus acquiri possessionem.* »

D'après ce principe, pour pouvoir posséder, il faut être capable d'avoir une volonté; cependant, dans certains cas exceptionnels, on peut emprunter l'*animus* d'autrui et acquérir à son insu, sans même savoir ce que c'est qu'acquérir. Les infantes et les fous entrent en possession par l'entremise du tuteur ou du curateur (Paul, liv. 41, t. II. D. loi 20) ; les cités par celle d'un esclave ou d'un agent spécial (Ulpien, *ibid.*, loi 2). Cette dérogation à la règle avait été admise à cause de sa nécessité pratique, autrement cette classe de personnes n'eût pu acquérir la possession (Paul, *ibid.*, loi 32, § 2 et loi 1, § 20).

On s'était encore départi, *utilitatis causa*, des exigences relatives à l'*animus* pour les opérations concernant le pécule du *filiusfamilias* et de l'esclave ; tout ce que ces derniers acquéraient de ce chef était possédé par le maitre (ou le *paterfamilias*) sans qu'il lui fût nécessaire d'en être informé ; on n'avait pas voulu le contraindre à s'enquérir à chaque instant de l'état du pécule et l'on admettait que

---

bord de la mer, de pêcher ou chasser en mon nom, je deviens, conformément à cette règle, propriétaire par occupation, de tout ce dont il se saisit. Il n'y a pas, de lui à moi, transmission de propriété ; il a été mon mandataire, non mon auteur.

l'*animus domini*, dans l'espèce, existant d'une manière implicite et générale, était suffisant.

En toute autre circonstance, le *filiusfamilias* ou l'esclave rentre dans la règle ordinaire, et l'*animus* du maître est nécessaire à chaque opération spéciale.

Une dernière condition est exigée pour que la prise de possession puisse être opérée par un tiers ; il faut qu'il soit capable de comprendre l'acte dont il est chargé, et qu'il ait la volonté de l'accomplir : « *Cæterum et ille per quem volumus possidere talis esse* « *debet ut habeat intellectum possidendi.* » En conséquence « *si furiosum servum miseris ut possideas, ne-* « *quaquam videris adprehendisse possessionem.* » (L. 1, § 9 et § 10. D. L. 41, t. II.) Enfin « *si jubeas servum* « *tuum possidere, et is eo animo intret in possessionem* « *ut nolit tibi sed potius Titio adquirere, non est tibi* « *adquisita possessio.* » (L. 1, § 19. D. L. 41, t. II.)

CHAPITRE III

DES CHOSES NULLIUS

Et des divers aspects sous lesquels l'occupation
se présente.

L'occupation est un mode originaire comme la tradition est un mode dérivé d'acquisition de la propriété ; l'une et l'autre sont fondées sur la possession, mais dans le premier cas il y a création d'un droit nouveau, dans le second il n'y a plus qu'un changement de maître sur une chose et transmission de droits préexistants ; c'est donc l'absence d'une propriété antérieure qui caractérise l'occupation et la distingue de la tradition[1].

Nous aurons à examiner quelles sont les choses sans maître sur lesquelles peut s'exercer l'occupation.

Au milieu d'une société civilisée, alors que le régime de la propriété individuelle s'était établi depuis des temps immémoriaux, les choses susceptibles de propriété privée et restées sans maître ne peuvent constituer que l'exception ; à l'époque de Justinien elles ne comprennent plus que celles qu'un obstacle quelconque avait soustraites jusque-là au domaine privé de chacun ; il faut généralement un effort, un travail pour s'en emparer.

Dans le langage usuel ce travail prend, suivant les circonstances dans lesquelles il se produit, des noms distincts : chasse ou pêche, pillage, *inventio*, occupation proprement dite.

---

[1] Juridiquement les effets de l'occupation et de la tradition ne sont pas identiques, dans tous les cas ; l'occupation fait acquérir le domaine quiritaire sur toutes les choses *mancipi* ou *nec mancipi* ; au contraire, la tradition appliquée aux choses *mancipi* les met seulement *in bonis*.

Sous Justinien, cette différence avait disparu avec la distinction des choses en *res mancipi* et *res nec mancipi*.

Nous suivrons cette division dans notre étude, mais nous rappellerons que tous ces faits générateurs de la propriété, se confondent en droit sous un même titre : l'occupation. Pour tous, la cause d'acquisition est la prise de possession sur une chose sans maître ou réputée telle suivant la loi romaine.

§ 1

De la chasse et de la pêche.

Chez les Romains, la chasse, au point de vue juridique, ne relève que de l'occupation, et il ne parait pas qu'elle ait été autrement réglementée. Elle est permise à tout le monde, et l'animal sauvage, *res nullius*, appartient à celui qui s'en empare.

Peu importerait qu'on eût chassé sur le terrain d'autrui ; les *feræ bestiæ* n'étant à personne, le propriétaire du sol sur lequel on opère leur capture n'a aucun droit de préférence à leur sujet. Il peut cependant interdire qu'on passe sur sa terre, mais au cas de contravention à cette défense l'occupant n'acquiert pas moins la propriété du gibier qu'il prend, le propriétaire a seulement une action contre lui (Inst. L II t. 1. § 12). (Suivant Pothier, ce serait l'interdit *quod vi* et l'action *injuriæ*.)

Nous avons déjà vu, en étudiant la possession, que la propriété du chasseur naît au moment où la

capture devient certaine ; c'était le système qui avait
fini par l'emporter, mais non sans avoir soulevé des
controverses ; d'après Trebatius, le gibier blessé
appartient au chasseur tant qu'il n'en a pas abandonné la poursuite, et si un tiers s'en saisit auparavant, il commet un vol ; mais cette opinion est
repoussée par Justinien parce que la prise de possession du poursuivant est encore douteuse. Inst.
L. II, t. 1, § 13. Il faut reconnaître que ce dernier
système est le plus conforme aux règles de l'occupation, mais on peut se demander s'il n'eût pas été
juste, en ce cas, de donner une action spéciale au
chasseur ; en lui enlevant le gibier qu'il a blessé
et qu'il ne détient pas encore, on profite indûment
de son travail et on porte un trouble à son plaisir.
Les textes sont muets sur ce point[1].

Il n'y a pas de distinction à faire entre la chasse
et la pêche. « *Omnia animalia quæ terra, mari, cœlo*
« *capiuntur, id est feræ bestiæ, volucres, pisces capien-*

---

[1] La jurisprudence suit aujourd'hui le système des Institutes, que
repoussait le droit coutumier. Voir Pothier, *Traité du droit de propriété* (partie 1re, ch. II, sect. 1, art. 2, p. 1). « Barbeirac, dit-il,
pense qu'il suffit que je sois à la poursuite d'un animal, quand même
je ne l'aurais pas encore blessé, pour que je sois censé, tant que je
suis à sa poursuite, être le premier occupant, à l'effet qu'il ne soit
pas permis à un autre de s'en emparer pendant ce temps. Ce senti-
ment, plus civil, est suivi dans l'usage ; il est conforme à un article
des anciennes lois des Saliens ; c'est l'article 5, titre 35, où il est dit :
« *Si quis aprum lassum quem alieni canes moverunt, occiderit et fu-
raverit, D. C. denarios culpabilis judicatur.* »

« *tium fiunt.* » (L. 1. D. Liv. 41. t. I. Comp. Inst.,
Liv. 2, t. I, § 12.)

Si on laisse échapper l'animal qu'on avait pris
vivant, la propriété disparaît avec la possession ;
celle-ci est réputée cesser lorsque l'animal est perdu
de vue, ou même lorsque pour une autre cause sa
poursuite est devenue difficile (Inst. liv. 2, t. I, § 12).

L'animal de race sauvage, bien qu'apprivoisé,
n'est pas complètement assimilé à l'animal domestique ; on pense que son instinct le pousse toujours à reprendre sa liberté. Justinien rapporte
l'exemple d'un cerf apprivoisé qu'on laisse aller dans
la forêt et qui conserve l'habitude de revenir ; s'il
vient à la perdre, il cesse de nous appartenir ; et
elle est très rapidement réputée perdue. Théophile
donne la règle suivante : si l'animal avait coutume
de revenir le même jour, ou le second, ou le troisième, sans jamais s'absenter plus longtemps et
qu'il soit pris par un chasseur le quatrième, le premier possesseur n'a aucune action contre le dernier,
l'esprit de retour étant présumé ne plus exister dès
lors que l'absence s'est prolongée plus que de coutume (Théophile, Inst. liv. 2, t. I, § 15).

En règle générale la propriété ne dépend pas de
la possession [1] ; si donc il s'agit d'animaux domesti-

---

[1] Toutefois la perte de possession d'une chose dont on était propriétaire, jointe à l'acquisition de la possession de cette chose par

ques, si par exemple les poules ou les oies de votre
basse-cour sont effarouchées, s'envolent et se per-
dent, elles restent où qu'elles soient votre propriété
et celui qui s'en empare commet un vol (Inst. liv.
2, t. 1, § 16).

On ne saurait toutefois poser en principe, d'une
manière absolue, que la perte de la possession d'une
fera bestia ou de toute autre chose acquise par occupation, entraîne la perte de la propriété; tant que
cette chose n'a pas repris son état primitif, les règles ordinaires doivent être appliquées; si donc une
fera bestia m'est volée elle continuera à m'appartenir; ma propriété ne tombera que si le voleur lui
laisse recouvrer sa liberté.

un tiers, si elle se produit dans certaines conditions et se prolonge
un certain temps, transporte au tiers la propriété de la chose possédée. Ce mode d'acquérir se nomme usucapion. Elle profite notamment à celui qui de bonne foi reçoit une chose d'un autre que le propriétaire et sans la volonté de celui-ci.

Peut-on voir dans l'usucapion, en ce cas, une variété de l'occupation ? Doit-on dire toute propriété a pour origine l'occupation, c'est-
à-dire la possession ; si la possession passe à un tiers et demeure entre ses mains un certain temps, le titre primitif sur lequel reposait
la propriété disparaît, un titre nouveau est créé ? Assurément non ; ce
n'est pas là la théorie romaine, autrement l'usucapion pourrait avoir
lieu dans tous les cas où la chose d'autrui est possédée par un tiers
nec vi, nec clam, nec precario. On n'aurait pas besoin pour usucaper
de justifier d'une *justa causa* ni de bonne foi ; il suffirait à celui qui
prétend avoir usucapé d'invoquer sa possession, elle constituerait son
titre, il n'en aurait pas besoin d'autre. L'idée qui a donné naissance
à l'usucapion est donc absolument étrangère à l'occupation ; les Romains ont voulu seulement constituer, en faveur du possesseur, une
présomption légale de propriété.

Le retour de la *fera bestia* à sa liberté première la replace en dehors des choses appropriées, *extra patrimonium*, et fait disparaître si l'on peut s'exprimer ainsi, son individualité juridique ; il y a là une sorte de destruction de la chose en tant qu'elle représente une valeur, un bien, soumis à la propriété privée ; si donc, en pareil cas la perte de la possession entraîne celle de la propriété c'est parce qu'elle détruit l'état de choses que l'occupation avait créé.

Pour déterminer les cas dans lesquels cette règle reçoit son application, on doit considérer uniquement la nature de la chose possédée, non le mode d'acquisition au moyen duquel elle est entrée dans notre patrimoine ; si le premier occupant d'une *fera bestia* m'en a par tradition ou autrement transféré la propriété, je perdrai cette propriété, dans les conditions précitées, comme il l'eût perdue lui-même ; si au contraire, j'ai acquis par occupation une chose que son propriétaire a délaissée, un animal domestique par exemple, ou un esclave vieilli qu'il ne veut plus nourrir, les règles ordinaires resteront applicables.

Les choses qui naturellement sont *extra patrimonium*, bien qu'elles puissent être appropriées, ne sont donc pas assimilées complètement aux choses qui naturellement sont *in patrimonio* ; l'empire exercé par l'homme sur ces dernières pendant une longue

suite de siècles, les a asservies, si on peut dire,
d'une manière plus absolue.

Certaines races d'animaux, même, ne sont jamais
complètement domestiquées ; c'est ainsi que les *Institutes* classent, parmi les animaux non domestiques,
les pigeons et les paons apprivoisés (L. 2, t. 1, §
15). On leur applique donc les règles que nous venons d'énoncer.

Les abeilles sont bêtes sauvages (*Inst.* L. 2, t. 1,
§ 14). L'essaim appartient à celui qui l'a dans sa
ruche, et s'il s'envole il n'est possédé que tant qu'on
peut encore le suivre des yeux ; autrement il devient
res nullius et appartient au premier qui s'en empare ;
on peut comme au cas de chasse s'approprier un
essaim posé sur l'arbre d'autrui ; il en est de même
pour les rayons de miel.

§ II

Du butin.

Les Romains assimilent, au point de vue de l'acquisition de la propriété, la guerre à la chasse.

L'acquisition qui résulte de la chasse est une
conquête sur l'ordre primitif des choses ; celle qui
résulte de la guerre est une acquisition sur un ordre de choses tenu pour nul et non avenu par les
Romains.

Les Romains considèrent comme *res nullius* non seulement ce qui appartient à l'ennemi, mais encore la personne même de ce dernier; on a le droit de le tuer, à plus forte raison celui de le réduire en esclavage et de s'emparer de ses biens. C'est là, d'ailleurs, une théorie qui paraît généralement répandue dans l'antiquité, et les Romains la trouvaient si juste qu'ils en faisaient l'application à ceux d'entre eux qui tombaient en captivité, et aux biens que leur enlevait la conquête.

Sont considérées comme ennemies, les nations à qui les Romains ont déclaré la guerre suivant les formes consacrées, ou qui ont déclaré la guerre aux Romains.

La déclaration de guerre n'est même pas nécessaire lorsqu'un peuple n'a avec Rome ni relations d'amitié et d'hospitalité, ni traité d'alliance, autrement dit lorsqu'il s'agit de barbares; on peut alors s'enlever réciproquement hommes et choses, et le pillage produit les effets juridiques de l'occupation à partir du moment où la frontière est franchie.

Il n'en est plus de même lorsqu'un homme libre est fait prisonnier dans une guerre civile, ou lorsque des pirates s'emparent de sa personne; cette captivité ne produit pas d'effets juridiques; nous ne perdons pas davantage la propriété des biens qui nous ont été volés.

Ce qui distingue le pillage légitime du brigandage, c'est donc la nationalité de ceux qui l'exercent. Lorsque l'influence de Rome ne peut se faire sentir à l'étranger, soit à cause d'une guerre passagère, soit par suite d'une inimitié persistante, le droit se soumet au fait accompli.

Le captif qui décède chez l'ennemi, est censé mort du jour où il a été pris (L. 1, code liv. 8, t. 51) ; s'il parvient à s'échapper sa servitude passée est tenue pour inexistante et il est restitué rétroactivement dans tous ses droits en vertu du *jus postliminii* (L. 16 D. liv. 49, t. XV), à moins que la force des choses ne s'y oppose : « *Facti autem causæ infactæ nulla cons-* « *titutione fieri possunt ; ideo eorum quæ usucapiebat per* « *semet ipsum possidens qui postea nanctus est, interrum-* « *pitur usucapio : quia certum est eum possidere desiis-* « *se.* » (L. 12, § 2. D. L. 49, t. XV, Comp. L. 23, § 1. D. L. 41, t. II). Ainsi le *postliminium* ne peut remédier aux conséquences de ce fait que la détention des biens du captif a cessé pendant un certain laps de temps ; et s'il avait commencé l'usucapion ou la prescription d'un bien, sa captivité l'interrompait.

Pour que le *postliminium* soit applicable il ne suffit pas d'avoir trompé la surveillance de l'ennemi et de s'être enfui, il faut être rentré sur le territoire romain ou d'un peuple allié, parce que là seulement on est en sûreté (L. 19, § 3 D. L. 49 t. XV).

De plus, l'esprit de retour est nécessaire ; en un mot, on exige, si on peut s'exprimer ainsi, le *corpus* et *l'animus*, il faut avoir recouvré la disposition de soi-même et avoir la volonté de la conserver. Si d'ailleurs pouvant revenir, on a préféré rester chez l'ennemi, le droit au *postliminium* est perdu, et on ne pourrait l'invoquer en rentrant tardivement sur le territoire romain (L. 20, D. L. 49, t. XV).

On peut être privé à titre de peine, dans d'autres cas encore, du bénéfice du *postliminium*; ainsi on en excepte ceux qui sur le champ de bataille ont mis bas les armes, et à plus forte raison ceux qui auraient passé aux ennemis et fait cause commune avec eux.

Le *postliminium* s'applique aux biens comme aux personnes, mais cependant d'une manière moins générale ; sur cette matière nous avons un certain nombre de décisions de fait, plutôt qu'une règle précise.

La terre reconquise retourne à son ancien propriétaire, sans doute parce qu'autrement c'eût été spolier les habitants des frontières qui ne sont pas responsables de la conquête momentanée des ennemis. Il en est de même pour les navires de transports appelés à rendre des services à l'État, en temps de guerre ; il ne serait pas juste de dépouiller leur propriétaire en cas où on parviendrait à les reprendre à l'ennemi qui les a enlevés. (Loi 49 t. XV D. L. 2.

princ.) On admet encore le *postliminium* pour l'esclave (L. 19 § 5 D. L. 49 t. XV) et le cheval ; ils ont
pu s'échapper et se laisser prendre sans la faute du
maître (L. 2. p. 1. D. liv. 49 t. XV).

On ne peut invoquer le *postliminium* pour les armes
et les vêtements perdus sur le champ de bataille,
car il y a dans ce fait présomption de lâcheté ; on
doit bien voir là une peine, mais le même motif ne
peut plus expliquer la décision de Marcellus qui ex-
clut du *postliminium* les barques de pêche et les ba-
teaux de plaisance (Liv. 49 t. XV D. L. 2.)

Il semble qu'on doive conclure de ces textes que
le *postliminium* ne peut profiter qu'aux choses expo-
sées aux chances de la guerre par leur nature ou
leur position spéciale et qui ont été perdues sans
la faute du maître.

Mais si tel est le principe qui a guidé les jurisconsultes dans les décisions qu'ils ont données
d'une manière générale , nous ne saurions affirmer
qu'il ait servi à juger chaque espèce particulière.
Que par exemple un bateau de pêche monté par
des esclaves, soit pris par l'ennemi, rien dans les
textes ne nous autorise à dire que le *postliminium*
ne sera pas applicable aux esclaves ou qu'il sera
applicable à la barque, bien que ce soient les mêmes
circonstances qui aient amené la perte de la barque
et des esclaves.

Ce qui est enlevé aux ennemis est acquis, avons-nous dit, en qualité de *res nullius*. La conquête est même considérée comme le mode d'acquisition par excellence, et chez les premiers Romains la lance est le symbole de la propriété.

Mais l'occupation, en ce cas, est effectuée suivant les circonstances au profit du peuple romain ou au profit des particuliers. Aulu-Gelle nous a conservé la formule d'un serment imposé aux soldats qui s'engageaient à remettre au consul ce qu'ils avaient pris à l'exception de divers objets sans valeur (Aulu-Gelle XII, 24.) De nombreux passages historiques nous montrent également le général distribuant après la victoire une partie du butin aux légions, alors que le surplus est vendu au profit du Trésor public. Enfin la loi *Julia peculatus* (L. 13 D. liv. 48 t. XII,) punit le détournement du butin d'une amende du quadruple.

Les terres conquises entrent toujours dans le patrimoine de l'Etat ou du prince (L. 20, § 1. D. L. 49. t. XIII).

D'autre part, nous lisons au Digeste : « *Quæ res* « *hostiles apud nos sunt, non publicæ sed occupantium* « *fiunt.* » (L. 51, liv. 41, t. 1).

On a donné de ces textes, qui au premier aperçu semblent contradictoires, une explication fort admissible. On distingue le pillage organisé, du pillage fait sans ordres et sur l'initiative individuelle. Le peuple occupe, par l'intermédiaire de l'armée, tout ce dont celle-ci s'empare ; au contraire, restent acquis au particulier les objets pillés par lui, en temps de paix sur les barbares ou en temps de guerre dans une incursion non commandée.

§ III

De inventione.

A. Les objets qui n'appartiennent à personne tels que les pierres précieuses, les perles, etc., qu'on peut trouver sur le bord de la mer deviennent la propriété du premier occupant. Il en est de même de tout objet sans maître, trouvé n'importe où ; mais aux temps historiques ces objets sont devenus bien rares.

B. Reste cependant la classe des choses abandonnées par leur propriétaire ; encore y avait-il, en ce cas, controverse sur la nature de l'acquisition. Suivant les Proculéiens, l'abandon d'un objet n'en faisait perdre définitivement la propriété qu'au moment où un tiers s'en emparait, et l'acquisition de ce dernier procédait de la tradition ; si donc le *derelinquens* venait à reprendre l'*animus domini* les tiers ne pouvaient plus postérieurement, s'approprier la chose abandonnée.

Suivant les Sabiniens, au contraire, la chose devenait *res nullius* au moment même où elle était délaissée.

Paul nous rapporte cette controverse : « *Pro dere-* « *licto rem habitam si sciamus, possumus adquirere.* — « *Sed Proculus non desinere eam rem domini esse, nisi* « *ab alio possessa fuerit : Julianus, desinere quidem* « *omittentis esse, non fieri autem alterius, nisi possessa* « *fuerit, et recte* » (L. 2. D. liv. 41, t. VII). « Lorsque nous savons qu'une chose a été abandonnée nous pouvons l'acquérir. Suivant Proculus, elle ne cesse d'appartenir à son premier maître que lorsqu'un tiers en a pris possession ; suivant Julien elle cesse d'appartenir aussitôt à celui qui s'en défait, mais elle n'est acquise à un tiers que lorsque ce dernier s'en est emparée; c'est la solution qu'il faut adopter.»

Justinien se range à cette seconde opinion tout en conservant trace de la première dans les termes qu'il emploie. Les Institutes commencent par traiter une première hypothèse voisine de celle-ci et dans laquelle on doit voir effectivement une tradition « *personœ incertœ* ». Elles enseignent (L. 2, t. I, § 46) que les pièces de monnaie jetées à la foule dans dans une fête sont acquises par tradition à qui les ramasse. Et cette analyse de l'opération accomplie est exacte : le préteur ou le consul qui recherche par ce moyen la popularité, jette ses pièces de monnaie dans l'intention de les faire acquérir à qui les ramasse, non dans l'intention pure et simple de s'en défaire.

Puis arrivant à notre hypothèse, les Institutes ajoutent (*ibid.* § 47) « *Quæ ratione verius esse videtur* « *ut si rem pro derelicto a domino habitam occupaverit* « *quis, statim eum dominum effici. Pro derelicto autem* « *habetur quod dominus ea mente abjecerit, ut id rerum* « *suarum esse nollet, ideoque statim dominus esse de-* « *sinit* ». La solution est certaine : celui qui a abandonné une chose cesse aussitôt d'en être propriétaire, celui qui s'en empare en devient propriétaire aussitôt, par conséquent dans l'intervalle la chose délaissée est *res nullius*.

Cependant le principe sur lequel Justinien fait reposer l'acquisition ne paraît pas bien précisé dans son esprit : les mots « *qua ratione* » qui commencent la phrase semblent indiquer que ce principe est le même ici que dans l'hypothèse précédente et qu'il y a dans l'espèce tradition à une personne incertaine, au contraire l'emploi des mots « *si occupa-* « *verit quis* » rattache l'acquisition à l'occupation.

Nous pensons que cette dernière manière de voir est la vraie ; on ne peut dire qu'il y a tradition de la part de celui qui se défait d'une chose, parce qu'il ne lui plait pas de la conserver et sans avoir autrement l'intention de la faire acquérir à un tiers.

Pomponius, cependant, analysant en pareil cas l'acquisition de la propriété paraît la rattacher à la tradition « *Id quod quis pro derelicto habuerit, continuo meum fit ; sicuti cum quis œs sparserit, aut aves amiserit, quamvis incertæ personæ voluerit eas esse, tamen ejus fierent cui casus tulerit : eaque cum quis pro derelicto habeat, simul intelligitur voluisse alicujus fieri.* » (liv. 41, t. VII, D. L. 5, § 1). « Ce qui est délaissé par autrui peut m'être acquis aussitôt ; il en est ainsi par exemple si un tiers a jeté de l'argent ou laissé échapper des oiseaux ; il lui a plu qu'ils appartinssent à une personne incertaine et ils sont acquis à ceux auxquels le hasard les donne : en les abandonnant il est censé avoir voulu qu'ils puissent être acquis par d'autres. » Mais le langage du jurisconsulte, ici, ne doit pas être pris au pied de la lettre, on doit l'entendre en ce sens que celui-là qui a fait abandon d'une chose lui appartenant serait mal venu à se plaindre qu'un tiers s'en emparât, c'est une considération plutôt philosophique que juridique ; cela résulte de l'exemple même proposé au texte : peu importe en effet que l'oiseau, *fera bestia*, ait échappé à notre possession par un acte de notre volonté ou malgré nous ; il cesse de nous appartenir aussitôt que nous en avons perdu la possession, il redevient *res nullius* par une sorte de « *postliminium* »

il est donc bien certain que celui qui s'en emparera
en acquerra la propriété par occupation au même
titre que s'il avait toujours été *res nullius.*

Enfin un texte d'Ulpien, placé en tête du titre
Pro derelicto confirme cette manière de voir. « *Si res
pro derelicto habita sit, statim nostra esse desinit, et
occupantis fit : quia hisdem modis res desinunt esse nos-
træ, quibus adquiruntur.* » (L. 41, t. VII, D. loi 1).

Quoi qu'il en soit, la chose délaissée entre dans
le patrimoine de l'occupant grevée des droits réels
qui la chargeaient, le propriétaire ne peut en effet
abdiquer plus de droits qu'il n'en a sur sa chose.

C. — L'abandon, pour faire perdre la propriété, doit
être pleinement volontaire, aussi les marchandises
jetées à la mer afin d'alléger un navire dans une
tempête, ne deviennent pas *res nullius.* On s'en est
défait pour pourvoir à son salut, non parce qu'on voulait les rejeter de son patrimoine. De même un objet
égaré et tombé sur une route, n'est pas délaissé et
ne devient pas la propriété de celui qui le trouve.

D. — Le trésor ne doit pas être confondu avec les
choses perdues ou cachées, il s'en distingue en ce
que toute trace de sa propriété a disparu.

« On nomme trésor un dépôt ancien d'argent
dont il ne reste plus aucun souvenir, de sorte qu'on
ne peut plus dire qu'il soit la propriété de personne. »
(L. 41 1 t. I. D. loi 31 § 1.)

Le texte donne pour exemple une somme d'argent (*pecunia*) ; il faudrait y assimiler des médail-
les, des objets d'art, toute chose fabriquée, et même
tout ce qui a une valeur et paraît avoir été enterré
ou caché de main d'homme. Il y a parité de motifs ;
d'ailleurs le mot *pecunia* peut s'entendre dans un
sens large.

La législation relative à l'attribution du trésor a
plusieurs fois varié. Adrien décida qu'il appartien-
drait à l'inventeur, et par moitié au propriétaire du
terrain sur lequel il serait trouvé (Inst. L. 2. t. 1 §
39) [1]. Cette législation qui avait été altérée, fut ré-
tablie par Constantin et suivie par Justinien. Elle a
passé dans notre droit.

Une constitution de l'empereur Léon décide que
l'inventeur ne peut prétendre à sa part du trésor
que s'il l'a trouvé par hasard ; autrement il doit le
rendre en entier au propriétaire du terrain ; on
avait voulu réprimer l'avidité des chercheurs de tré-
sors et les empêcher surtout d'avoir recours à la
magie pour les découvrir (Lex unic. C. L. 10 t. XV).

La part attribuée au propriétaire du terrain lui
est acquise en vertu d'une disposition impérative

---

[1] Le texte répète cette règle qu'il s'agisse d'un trésor trouvé sur la
propriété d'un particulier, de l'empereur, ou de la cité. Il fait remarquer que si le trésor est trouvé par le propriétaire lui-même, il lui
appartient en entier.

de la loi : l'occupation est la cause de l'acquisition de la part laissée à l'inventeur.

E. — L'*inventio* peut encore porter sur des fractions de choses communes ; ces dernières ne sont hors du commerce que dans leur ensemble, et s'il est impossible de s'approprier un fleuve, on devient propriétaire de la tonne d'eau qu'on y puise.

§ IV.

Occupation proprement dite.

L'occupation peut encore porter sur des choses immobilières :

Les iles qui se forment dans la mer sont *res nullius* et appartiennent au premier occupant : « *Insula* « *quæ in mari nata est, quod raro accedit, occupantis* « *fit, nullius enim esse creditur.* » (Inst. L. 2, t. I, § 22).

Il en est de même de l'ile qui nait dans un fleuve lorsque le champ qui longe la rive est *ager limitatus* ; on nommait ainsi le terrain dont la superficie avait été mesurée suivant des rites solennels, la borne qui en marquait la limite, en fixait la contenance d'une manière invariable. Mais si au contraire, le champ riverain n'est pas limité, si c'est un *ager arcifinius* l'ile est considérée comme une prolongation même du champ, au propriétaire duquel elle est acquise, indépendamment de toute prise de possession de sa part,

(Inst. L, 2, t. I § 22). «... L'île née au milieu d'un fleuve est partagée entre les propriétaires dont les héritages sont situés sur la rive, de chaque côté et en proportion de l'étendue de ces héritages le long de la rive. Si l'île est située plus près d'une rive que de l'autre, elle est attribuée exclusivement à ceux qui ont des propriétés de ce côté. »

De même (*Ibid.* § 20). « On acquiert conformément au droit des gens, ce que le fleuve ajoute à un champ, par alluvion. L'alluvion est un accroissement qui s'opère insensiblement. On considère comme acquis par alluvion, ce qui l'a été peu à peu et de telle sorte, qu'on ne pourrait déterminer quelle est la quantité qui a été ajoutée à un moment donné. »

(*Ibid.* § 23). « Si le fleuve abandonne son ancien lit et s'en creuse un nouveau, l'ancien lit est attribué à ceux qui possèdent des fonds sur un bord ou sur autre, en proportion de l'étendue de chacun de ces fonds, le long de la rive. »

Quel est dans ces espèces le principe en vertu duquel l'acquisition se produit ? Quelques interprètes enseignent que c'est l'occupation [1]; nous ne saurions accepter cette doctrine ; puisque la volonté de l'acquéreur ne joue ici aucun rôle ; nous ne voyons plus une prise de possession mettant en jeu l'activité de l'occupant ; l'*animus* nécessaire à la possession n'est pas exigé. D'ailleurs Paul en énumérant les exemples d'occupation qu'on peut citer de son temps donne celui de l'île née dans la mer et ne parle pas de l'île née dans le fleuve (L. 41. D. t. II, l. 1, p. 1).

APPENDICE

DE L'ACCESSION SUR LES CHOSES *nullius*.

Suivant certains jurisconsultes, le riverain acquerrait l'île parce qu'il serait propriétaire du sol sur lequel coule le fleuve ; le lit ne serait qu'une continuation de la rive, il n'y aurait pas ici acquisition de propriété mais rentrée en possession d'une propriété préexistante.

Nous ne pensons pas que ce soit là le système qui prévalût chez les Romains, en tout cas ce n'est pas celui que Justinien a suivi.

Tout d'abord les textes qui régissent la matière sont placés sous un titre relatif à l'*acquisition* de la propriété, et rien ne nous autorise à penser que ce soit par erreur qu'ils se trouvent classés sous cette rubrique, à la la fois au *Digeste* L. 41, t. I. et aux *Institutes* L. 2, t. I § 22.

Puis bien loin de considérer le lit du fleuve com-

---

[1] Etienne, *Institutes* de Justinien, t. I, p. 227.

me la propriété des riverains, les *Institutes* (*Ibid.*,
§ 23) enseignent formellement le contraire :

« Si un fleuve abandonne son ancien lit et s'en
« creuse un nouveau, l'ancien appartiendra aux
« propriétaires sur une longueur égale à celle de l'hé-
« ritage qui de chaque côté bordait la rive; quant au
« nouveau lit, il devient, comme le fleuve lui-même
« *chose publique.* »

Cette expression doit être entendue à la lettre ;
ce n'est pas l'usage seulement du lit du fleuve, mais
le lit lui-même qui est public et par suite lorsque
son caractère public disparait *res nullius.*

En effet *(Ibid. in fine)* « si après un certain temps
« le fleuve reprend son premier cours le nouveau lit
« abandonné est attribué aux propriétaires rive-
« rains. » Et non pas à ceux à qui il appartenait,
peut-être en totalité, lorsque le fleuve les en a dépos-
sédés.

On objecte à l'encontre de ce système un texte de
Pomponius (liv. 41, t. I. D. loi 30, § 1) : «.... *So-*
« *lum ipsum meum privatum est, usus autem ejus pu-*
« *blicus intelligitur ; et ideo cum exsiccatus esset alveus*
« *proximorum fit, quia jam populus eo non utitur.* »
« Le sol (de la rive) m'appartient, l'usage seul en est
public et c'est pourquoi lorsque le lit du fleuve vient
à se dessécher, le peuple cessant alors d'en user,
il est attribué aux riverains les plus proches. »

Mais ce texte ne peut prévaloir sur celui des Institutes, car le principe qu'il pose est contredit,
comme celui que posent les Institutes est confirmé
par toutes les décisions qui sont données sur la matière.

« Lorsqu'en effet, dit Paul, une île s'est formée
« dans un fleuve et est devenue vôtre » ; (parce
qu'elle était plus proche de votre fonds que du fonds
qui s'étend sur l'autre rive et qu'elle n'atteignait
pas de ce côté la ligne médiane du fleuve) « et
« qu'une autre île se forme ensuite entre votre île
« et la rive voisine, on en fera l'attribution en mesu-
« rant la distance entre cette rive et l'île que vous
« aviez premièrement acquise, sans tenir compte de
« la distance du terrain en raison duquel cette pre-
« mière île vous avait été attribuée » (Liv. 41, t. I.
D. L. 65, § 3.

Proculus (liv. 41, t. I. D. L. 56) donne la même
décision au cas où il s'est formé dans la rivière une
île qui à raison de sa longueur et de sa situation
près d'une des rives a été attribuée en entier à un
seul propriétaire ; plus tard elle s'est accrue de telle
sorte qu'elle dépasse le champ de ce dernier et s'é-
tend devant ceux des voisins en amont et en aval,
elle a aussi gagné en largeur et est maintenant plus
proche de l'autre rive que du champ. Elle ne continue pas moins d'appartenir en entier à son premier

propriétaire. Tant il est vrai que nous sommes ici en présence d'un mode d'acquisition de la propriété et non pas de la rentrée en possession d'une propriété primitive. On pourrait multiplier les exemples dans le même sens.

Nous pensons qu'en pareil cas la propriété est acquise en vertu d'un mode particulier d'acquisition, qu'il faut distinguer de tout autre.

Les Institutes citent en effet, parmi les modes d'acquisition du droit naturel, et quelquefois pêle-mêle avec des exemples d'occupation, d'autres cas d'acquisition de la propriété dans lesquels la volonté de l'acquéreur ne joue plus aucun rôle.

Si une chose, jusqu'alors indépendante, vient s'incorporer à la mienne, il en résulte à mon profit un accroissement de propriété.

Il y a là une série de faits régis par des principes communs et que les anciens commentateurs avaient groupés sous le nom d'accession.

Un système plus récent nie que l'accession soit un mode particulier d'acquisition, et rattache les exemples qu'on y faisait rentrer autrefois, soit à l'occupation, comme nous l'avons déjà vu, soit à une disposition impérative de la loi, ce qui nous paraît inexact, car il faudrait alors rapporter l'acquisition au droit civil, et non pas au droit naturel comme le fait Justinien.

Ce système s'appuie sur ce que les jurisconsultes romains n'ont pas cité l'accession dans leurs énumérations des modes d'acquisition de la propriété ; mais cette considération perd son importance si l'on constate que les énumérations qu'ils nous ont laissées sont certainement incomplètes ; celle d'Ulpien, à laquelle on se réfère ordinairement, ne comprend que la mancipation, la tradition, l'usucapion, la *cessio in jure*, l'adjudication, la loi (Ulpien, R. t. XIX, § 2.) Elle passe sous silence au moins l'occupation.

Cette omission, d'ailleurs, paraît préméditée, et le jurisconsulte ne s'occupe ici que des modes dérivés d'acquisition de la propriété.

Or il s'agit précisément de savoir si les Romains comptaient un seul mode originaire d'acquisition : l'occupation ; ou s'ils en distinguaient un second régi par des principes différents, l'accession.

Eh bien leur tendance, selon nous, a été, non de faire rentrer les cas d'accession dans les autres modes d'acquérir, mais au contraire de multiplier les distinctions et de compter autant de variétés d'acquisition qu'il y a d'espèces séparées par des différences minimes.

Tout d'abord Théophile nous dit (L. 2, t. IX, § 6) : « Les acquisitions sont naturelles ou civiles ; les ac- « quisitions naturelles sont au nombre de qua-

« torze », et il énumère tous les exemples d'acqui-
tion donnés au L. 2, t. 1, des *Institutes* et qualifiées
par Justinien de modes du droit naturel. Il ajoute :
« Les acquisitions civiles étaient autrefois au nombre
« de cinq, mais aujourd'hui il n'y en a plus que
« quatre. » Il distingue donc entre eux les modes
du droit naturel aussi nettement que ceux du droit
civil.

N'est-ce là qu'une distinction apparue sur le tard
en droit romain, et contraire à la manière de voir
des jurisconsultes classiques ; nous ne le croyons
pas, et elle nous parait bien être dans la pensée de
Gaius.

Nous trouvons dans ses *Institutes*, comme dans
celles de Théophile, une énumération de modes du
droit civil à côté d'une énumération de modes du
droit naturel. C'est ainsi que nous lisons :

Commentaire 2, § 65 : « *Ergo ex his quæ diximus*
« *apparet quædam naturali jure alienari, qualia sunt*
« *ea quæ traditione alienantur ; quædam civili, nam*
« *mancipationis, et in jure cessionis, et usucapionis jus*
« *proprium est civium Romanorum.*

§ 66 : « *Nec tamen ea tantum quæ traditione nostra*
« *fiunt, naturali nobis ratione adquiruntur, sed etiam*
« *quæ occupando..... quia antea nullius essent.....*

§ 69 : « *Ea quoque quæ ex hostibus capiuntur, na-*
« *turali ratione nostra fiunt.*

§ 70 : « *Sed et id quod per alluvionem nobis adjici-*
« *tur, eodem jure nostrum fit.*

§ 78 : « *Præterea id quod in solo nostro ab aliquo*
« *ædificatum est... jure naturali nostrum fit, quia su-*
« *perficies solo cedit,* » etc.

Il y a là plusieurs modes d'acquisition distincts
dans la pensée du jurisconsulte qui les rattache
tantôt à un principe, tantôt à un autre : « *Quia*
antea nullius essent ». « *Quia superficies solo cedit.* »

Il faut reconnaître que les divisions données par
Théophile sont multipliées outre mesure ; les faits
soumis à des principes communs doivent être groupés dans une même série ; c'est ainsi que Paul range
dans une même classe tous les faits d'occupation :
« *Dominiumque rerum ex naturali possessione cœpisse*
« *Nerva filius ait ; ejusque rei vestigium remanere de*
« *his quæ terra, mari, cœloque capiuntur. Nam hæc*
« *protinus eorum fiunt, qui primi eorum possessionem*
« *adprehenderint. Item bello capta, insula in mari enata,*
« *et gemmæ, lapilli, margaritæ in littoribus inventæ,*
« *ejus fiunt qui primus eorum possessionem nanctus*
« *est.* » (L. 41, t. II, D. L. 1, § 1.)

Ce texte est significatif : il énumère d'une manière complète tous les exemples d'acquisition qu'on
peut rattacher à l'occupation ; or les jurisconsultes
citent d'autres modes d'acquisition dérivant du
droit naturel ; ces modes forment donc une ou
plusieurs classes distinctes.

Le mot *accessio* a été détourné par les anciens interprètes de son sens primitif ; les Romains l'emploient pour désigner la chose accessoire, non pour dénommer le fait d'acquérir une chose parce qu'elle est devenue l'accessoire d'une autre.

Paul se sert d'ailleurs d'une expression différente qu'il eût été plus exact d'employer après lui : « *In* « *omnibus igitur istis, in quibus mea res, per prævalen-* « *tiam, alienam rem trahit meamque efficit...* » [1] Il eût fallu dire acquérir *per prævalentiam* comme on dit acquérir *per traditionem*.

L'accession peut porter sur la chose d'autrui ou sur une chose *nullius* ; ce n'est que dans cette dernière hypothèse qu'elle rentre dans le cadre que nous nous sommes tracé.

Elle comprend alors le droit qui régit l'alluvion, les îles nées dans un fleuve, et le lit abandonné par le fleuve. [2]

Toutefois, les règles que nous venons de retracer ne s'étendent pas à toute espèce d'île née dans le fleuve ; une île, dit Pomponius (L. 41, § 1. D. loi

---

[1] Paul, Liv. 6. T. I D. l. 23 p. 4.

[2] M. Ortolan nᵒ 369 donne encore l'exemple suivant d'accession sur les *res nullius* : « Que des pigeons, que des abeilles sauvages, attirés par mes pigeons, par mes abeilles domestiques, viennent se joindre à eux et s'établir dans mon colombier, dans mes ruches, même à mon insu, ces animaux et le produit qu'ils y donnent m'appartiennent ; celui qui viendrait les y prendre commettrait un vol. » Cette proposition nous paraît de toute évidence.

30 § 2) peut se former dans un fleuve de trois manières : 1° lorsque le fleuve se creuse un bras nouveau et entoure de la sorte un champ précédemment relié à la terre ferme ; 2° lorsque l'eau laisse à
sec une partie du lit du fleuve qu'elle recouvrait,
et continue cependant à couler tout autour ; 3° lorsque par suite de dépôts, accrus de dépôts successifs,
une éminence se produit dans le lit du fleuve.

Il n'y a une chose nouvelle, susceptible d'être acquise par occupation ou accession que dans ces
deux derniers cas ; dans le premier, le champ,
devenu une île, reste à qui il appartenait précédemment.

Labéon parle d'une quatrième espèce d'île, celle
qui s'est formée sur des épaves flottantes et est en-
traînée par le courant ; « *hæc enim propemodum pu-*
« *blica, atque ipsius fluminis est insula* » (Loi 65, § 2.
D. L. 41, t. 1). Cette île serait publique comme cons-
tituant une partie du fleuve même. On doit admettre cependant que l'île flottante pouvait être acquise par occupation et n'était pas *extra commercium*,
peu importe donc qu'elle soit considérée théoriquement comme chose publique ou comme chose *nul-*
lius proprement dite ; si un doute pouvait exister
sur ce point il suffirait pour le détruire de lire la
loi 7, § 1. D. L. 41, t. I. Il y a là analogie évidente :
« *Quod si vis fluminis partem aliquam ex tuo prædio*

« *detraxerit et meo prædio attulerit, palam est eam*
« *tuam permanere. Plane si longiore tempore fundo meo*
« *hæserit, arboresque quas secum traxerit, in fundum*
« *meum radices egerint, ex eo tempore videtur meo*
« *fundo acquisita esse.* » « Lorsqu'une partie de votre
champ arrachée par la violence du courant a 'été
projetée contre mon terrain, elle continue à vous
appartenir. Toutefois si pendant un long espace de
temps elle reste adhérente à ce terrain et que les
arbres qu'elle a entraînés y aient poussé leurs racines, elle devient ma propriété. Il y a là une sorte
d'île flottante qui reste à son ancien propriétaire,
tant qu'elle n'est pas par accession acquise à autrui. » A plus forte raison une île qui n'a jamais
appartenu à personne pourra-t-elle devenir de la
même manière, ou plus promptement par occcupa-
tion et alors qu'elle est encore à l'état d'île flottante,
la propriété d'un particulier.

Une difficulté s'est élevée sur le texte que nous
venons de citer, il est reproduit presque identique-
ment aux *Institutes*, (L. 2 t. I § 21) mais au lieu des
mots *videtur acquisita* on lit *videntur acquisitæ*. On a
soutenu, en conséquence, que les arbres qui avaient
poussé leurs racines sur le fonds riverain étaient seuls
acquis au propriétaire de ce dernier, mais qu'il n'en
était pas de même du terrain qui les portait primi-
tivement. Ce système nous paraît devoir être re-

poussé parce qu'il a contre lui un texte formel et qu'il s'appuie sur un texte qui n'est pas explicite. Le paragraphe des *Institutes* pouvant se traduire *pars fundi et arbores videntur acquisitæ*. Enfin remarquons que si cette *pars fundi* n'était pas acquise avec les arbres, ceux-ci ne pourraient être non plus acquis en entier au propriétaire sur le sol duquel ils ont en dernier lieu étendu leurs racines ; ils deviendraient seulement communs entre lui et l'ancien propriétaire, puisque les racines tiendaient à deux terres contigues appartenant à deux personnes différentes. Or le texte qu'on nous oppose ne dit rien de semblable.

Pour terminer ce qui concerne les accroissements et changements de propriété dus aux déplacements des eaux fluviales, disons qu'une inondation temporaire ne peut avoir les conséquences d'un déplacement du lit du fleuve, et ne modifie pas la propriété du champ qu'elle recouvre.

DE L'ACCESSION SUR LA CHOSE D'AUTRUI ET DE LA SPÉCIFICATION

L'accession peut donc porter sur des choses *nullius*, comme l'occupation elle ne s'en différencie alors qu'en ce qu'elle n'exige pas le fait personnel de l'acquéreur.

Les *Institutes* citent encore d'autres exemples d'accession qni se distinguent profondément de l'occupation.

On peut acquérir par accession la chose d'autrui. Celui qui brode son vêtement avec de la pourpre appartenant à un tiers, acquiert cette pourpre comme accessoire du vêtement.

De même celui qui bâtit sur son terrain avec les matériaux d'autrui, est propriétaire de l'édifice qu'il a élevé, parce que toute construction est l'accessoire du sol qui la porte.

A côté de l'accession sur la chose d'autrui se place la spécification. Un tiers travaille et transforme la matière appartenant à une autre personne, sans le consentement de cette dernière ; l'objet fabriqué doit être attribué, suivant les *Proculéiens* au spécificateur parce que sous sa forme actuelle, il constitue une chose nouvelle ; suivant les *Sabiniens*, au contraire, il continue à appartenir au maître de la matière parce que si cette matière a changé de forme elle n'est cependant pas détruite. (Gaius, L. 41 t. I. D. loi, 7, § 7).

Justinien admet une opinion intermédiaire, si la chose nouvelle peut être ramenée à sa première forme, si par exemple il s'agit d'un vase fondu, qui pourrait redevenir un lingot de métal, celui à qui la matière appartient reste propriétaire de l'objet

transformé, mais si ce retour à l'état primitif est impossible, si avec le raisin ou les olives d'autrui on
a fait du vin ou de l'huile, la chose nouvelle appartient au spécificateur.

La théorie romaine, en matière d'accession et de
spécification, est la même ; l'objet ancien est détruit,
il y a création d'un objet nouveau. La pourpre est
extincta (*Inst*. L. 2, t. I, § 25) elle est remplacée par un
vêtement de couleur ; il n'y a plus de matériaux, il
y a un édifice ; le raisin ou les olives n'existent
plus, ils ont été remplacés par du vin ou de l'huile.

Bien que le nouveau propriétaire ne puisse s'en-
richir aux dépens du propriétaire de la matière
transformée ou de l'objet absorbé à titre d'accessoire, et que diverses actions soient accordées à
ce dernier pour se faire indemniser, on ne
saurait donc voir, dans ces espèces, une transmission de propriété, mais si on peut dire qu'on se
trouve ici en présence d'un mode originaire d'acquérir, on ne saurait lui reconnaître avec l'occupation, aucune similitude ; il ne constitue pas une
conquête sur l'état primitif des choses, car à l'acquisition qu'il procure, correspond nécessairement
la disparition d'un bien déjà entré dans le patrimoine des hommes.

DROIT FRANÇAIS

DES

CONDITIONS DE VALIDITÉ

DES

BREVETS D'INVENTION

INTRODUCTION

De la nature du droit de l'inventeur

Nous nous proposons d'examiner les conditions que doit réunir une invention pour être brevetable. Avant d'entrer dans l'étude des dispositions de la loi du 5 juillet 1844 qui régit la matière, nous pensons qu'il importe de chercher à déterminer la nature du droit de l'inventeur ; cette question théorique n'est pas pratiquement dénuée d'importance ; il est utile à l'étude des textes de savoir s'ils concèdent un privilège créé par la loi civile, ou s'ils réglementent un droit préexistant. Leur interprétation sera plus restrictive ou plus large suivant qu'on admettra l'un ou l'autre système.

L'invention qui permet d'obtenir un résultat matériel auquel précédemment on n'arrivait pas, ou auquel on n'arrivait qu'avec une somme plus considérable d'efforts et de travail, constitue, pour le patrimoine scientifique et industriel du genre humain, un enrichissement : dans un cas c'est une augmentation d'actif, dans l'autre une diminution de passif.

L'homme ne crée pas, il trouve : l'invention porte forcément sur les lois naturelles et leurs applications ; elle est la mise en lumière de l'un « des rap- « ports nécessaires qui dérivent de la nature des « choses » matérielles [1].

Parmi les combinaisons possibles que peuvent produire les lois et les propriétés de la matière, l'in-

---

[1] « Les lois, dit Montesquieu, sont des rapports nécessaires qui dérivent de la nature des choses ; » cette définition s'applique aussi exactement aux lois physiques qu'aux lois morales.

venteur en aperçoit une dont l'exploitation peut donner d'utiles résultats ; il y a là *inventio* d'une source nouvelle de richesses, due aux recherches raisonnées ou à la perspicacité de celui qui la découvre[1], et qui, si minime que l'on puisse supposer, dans certains cas, son effort personnel, a su tout au moins tirer parti des enseignements du hasard.

Les titres de l'inventeur reposent donc à la fois sur le travail, en proportions variables, et sur l'occupation, ou plus exactement sur l'occupation dérivant du travail ; mais sur une occupation immatérielle, une *quasi-occupation*, dont l'effet juridique, par suite des différences de nature de la chose sur laquelle elle s'exerce, peut *a priori* ne pas être identique à celui de l'occupation matérielle.

Ainsi, quoique soumis avec raison par la loi positive à des règles différentes, le droit de l'inventeur dérive des mêmes origines que la propriété, et leur nature est, sinon identique, du moins similaire.

Toutefois cette théorie d'une propriété *sui generis* est repoussée par des auteurs qui cependant reconnaissent et défendent la légitimité du droit de l'inventeur[2] et nous devons insister, pour ne pas tom-

---

[1] L'invention n'est qu'une variété de la découverte ; nous reviendrons plus loin sur cette question.

[2] Renouard, *Brevets*, p. 23 et suiv.

ber dans l'exagération opposée, sur ce point que la quasi-occupation d'une découverte ne produit pas, même théoriquement et abstraction faite des difficultés pratiques, des effets aussi complets que l'occupation d'un objet matériel.

Un autre que le premier occupant, sans s'inspirer de ses travaux et sans le suivre à la trace, peut trouver la même chose que lui ; cela est également vrai qu'il s'agisse d'un corps certain ou d'une idée abstraite, mais les conséquences de cette seconde découverte restent dissemblables dans les deux hypothèses.

Les objets matériels doivent être soumis au régime de l'appropriation individuelle sous peine de voir leur valeur s'amoindrir et leur usage donner naissance à une série de conflits et d'injustices ; d'ailleurs le fait actif d'un homme ne peut porter sur un objet matériel qu'il transforme ou consomme sans exclure les tiers de la jouissance de ce même objet ; tout au contraire la pensée, l'idée industrielle, une fois divulguée, peut être possédée par tous concuremment, et alors seulement elle donne à la société son maximum d'utilité ; l'occupation de l'objet matériel l'attribue définitivement à l'*inventeur* et restreint d'autant pour les autres hommes le champ des découvertes possibles ; cette conséquence ne s'impose plus, et deviendrait inique lorsqu'il s'agit

de l'occupation d'une idée ; l'inventeur fait le premier une découverte, son mérite consiste dans sa
priorité qui peut être d'un laps de temps plus ou
moins long, même indéfini ; il en a seul le profit,
jusqu'à ce qu'un autre trouve ce qu'il avait trouvé,
puisse y appliquer son travail à son tour, et jouisse
aussi complètement que lui des bénéfices que cette
idée peut procurer.

Tel apparaît le droit en dehors de toute réglementation légale.

L'inventeur peut donc, si bon lui semble, garder
le secret sur les moyens qu'il emploie ; il conserve
alors, sans qu'un terme lui soit fixé et par la force
même des choses, l'usage exclusif de sa découverte.
Notre législation, d'ailleurs, reconnaît son droit et
le protège dans une certaine mesure, en frappant
de peines correctionnelles dans des conditions déterminées, la révélation des secrets de fabrique [1].

Toutes les inventions, cependant, ne se prêtent
pas à une exploitatation secrète : si l'usage d'un
procédé mécanique ou chimique peut échapper plus
ou moins facilement à la connaissance des tiers, un
produit nouveau est révélé au public au moment
même où il est mis en vente ; l'exercice du droit est
ainsi entravé par des difficultés matérielles qui varient dans des proportions considérables suivant la

[1] Art. 418 du code pénal.

nature de l'invention. La protection du secret de
fabrique ne suffit donc pas, dans toutes les circonstances, à assurer les droits de chacun et à satisfaire
l'équité. Très inégale, elle est de plus toujours pré-
caire; une indiscrétion, une simple imprudence,
un abus de confiance souvent insaisissable, enfin
les légitimes découvertes des tiers menacent à tout
instant le possesseur du secret. La fragilité d'un
droit, dont la durée est livrée au hasard, rend incertaine la rémunération des travaux, des dépenses et
des risques qui accompagnent la mise en œuvre de
toute invention, et serait de nature, si la loi n'y
avait porté remède, à décourager singulièrement
l'esprit d'initiative; enfin le domaine public se
trouve aussi énergiquement intéressé que l'inventeur à la réglementation plus pratique de la matière; la découverte tenue secrète peut disparaître
avec son auteur et sa perte est pour le genre humain une destruction de richesse sans compen-
sation.

La loi positive est donc intervenue, offrant à l'inventeur, en échange de la révélation de son secret,
et de l'abandon au domaine public de sa propriété
aléatoire, la garantie d'un monopole temporaire; la
prise d'un brevet n'est pas autre chose que l'accep-
tation de ce contrat par l'inventeur.

Telle est l'idée prédominante qui a constamment

inspiré nos législateurs, lorsqu'il ont traité cette
matière, en 1791 et en 1844. On la trouve dévelop-
pée dans le rapport présenté par M. de Boufflers à
l'Assemblée nationale :

    « S'il existe pour un homme une véritable pro-
« priété, c'est sa pensée... Tant qu'un inventeur n'a
« pas dit son secret il en est le maître, et rien ne
« l'empêche ou de le tenir caché ou de fixer les con-
« ditions auxquelles il consent de le révéler. Il est
« libre en contractant avec la société comme la so-
« ciété en contractant avec lui ; le contrat une fois
« passé, elle est engagée envers lui comme il l'est
« envers elle... [1] »

L'exposé des motifs de la loi de 1844, laissant de
côté l'examen de la nature philosophique du droit,
s'attache uniquement à cette idée d'une convention
passée entre l'inventeur et la société : « Bornons-nous
« donc à constater ce qui existe, et ce qui existe sans
« contestation depuis 1791. L'inventeur ne peut ex-
« ploiter sa découverte sans la société ; la société ne
« peut en jouir sans la volonté de l'inventeur ; la loi,
« arbitre souverain, est intervenue ; elle a garanti
« à l'un la jouissance exclusive, temporaire ; à l'au-
« tre une jouissance différée mais perpétuelle. »

En résumé, dans l'esprit de la loi, l'inventeur qui
prend un brevet cède à la société ses droits origi-

---

[1] Voir Renouard, *Brevets*, p. 107.

naires et acquiert des droits conventuels. Il aliène, au profit du domaine public, une propriété instable en ses mains, et il s'assure en échange un monopole d'une durée déterminée.

La législation de presque tous les états civilisés admet aujourd'hui les brevets d'invention; notons cependant qu'il n'existent pas en Suisse, et qu'ils ont été supprimés en Hollande par une loi du 15 juillet 1869.

Il est une école de théoriciens qui enseigne que l'institution des brevets est « contraire au dévelop-« pement de l'industrie et à l'intérêt général. » [1] M. Michel Chevalier a écrit qu'ils étaient « un outrage à la liberté » [2] et proposé de les remplacer par un système de récompenses, restant à étudier.

MM. Picard et Olin, les très remarquables commentateurs de la loi belge sur les brevets, ont développé la même thèse; les inventions, suivant eux, naîtraient fatalement, à un moment donné, de la force même des choses, et par suite le mérite de l'inventeur serait fort minime [3]; fût-il réel enfin il n'y aurait pas lieu pour le législateur d'en tenir compte et d'en faire dériver un droit : « La société,

[1] Préambule de la loi hollandaise du 15 juillet 1869 (Picard et Picard, *Code général des brevets*. p. 534).

[2] Lettre de M. Michel Chevalier du 16 nov. 1863. Voir Picard et Olin p. 33.

[3] Picard et Olin *Traité des brevets*, p. 20.

« disent-ils, serait donc instituée pour établir une
« équitable rétribution pour le bien et pour le mal !
« Récompenser d'une part, punir de l'autre, tel se-
« rait son devoir et son rôle ! N'oublie-t-on pas que
« son office est strictement limité à son intérêt »[1].
Or, il ne serait pas possible à un inventeur de tenir
sa découverte cachée s'il voulait en retirer quelque
honneur ou quelque avantage ; y parvient-il, un autre
inventerait[2]; et si, enfin, la découverte venait à se
perdre il n'y aurait pas lieu de la regretter, la mul-
tiplicité des inventions n'étant pas enviable et nui-
sant à la stabilité de l'industrie[3]. « Nos conclusions,
« ajoutent-ils, sont donc nettes et précises.... Point
« de titre pour l'inventeur à une rémunération so-
« ciale car... rien ne nous oblige à lui accorder de fa-
« veurs, ni la reconnaissance, ni l'intérêt public »[4].

Mais, tout d'abord, fût-il vrai que la société y
trouvât des avantages matériels, aurait-elle le droit,
comme l'enseignent ces auteurs, de refuser aux inventeurs une rémunération pratique de leurs intérêts et de spéculer sur leur ruine? Ce principe ne
pourrait-il mener bien loin, et toutes proportions
gardées, emploierait-on d'autres arguments si on

[1] Picard et Olin, p. 23.
[2] *Ibid.*, p. 24.
[3] *Ibid.*, p. 23.
[4] *Ibid.*, p. 24.

conseillait une banqueroute à l'Etat? Pour notre
part, alors que chacun trouve juste qu'en matière
d'utilité publique on ne puisse être exproprié que
moyennant une indemnité, il nous est impossible
d'admettre qu'on puisse établir une exception au
détriment de l'inventeur.

L'intérêt général, d'ailleurs, est ici comme toujours conforme à l'équité ; en résumé, MM. Picard et
Olin préfèrent au brevet le secret de fabrique, difficile à garder, parce qu'ils pensent que la société
pourrait ainsi obtenir des avantages qui lui res-
teraient acquis sans qu'elle eût à faire des conces-
sions en échange. Ce système nous paraît démenti
avec évidence par l'histoire des progrès de l'industrie qui n'ont pris tout leur essor qu'après l'institution des brevets ; et tout en faisant largement la
part des autres causes, si multiples, qui ont pu con-
tribuer à faire naître cet état de choses, nous ne
saurions admettre qu'il n'y ait eu là qu'une coïnci-
dence fortuite ; pourquoi l'inventeur entrepren-
drait-il des travaux, ferait-il des dépenses et des
sacrifices, sans autre perspective que de s'appau-
vrir en enrichissant une société toute prête à le dépouiller.

Nous avons déjà examiné les inconvénients des
secrets de fabrique, et MM. Picard et Olin eux-mêmes finissent par admettre, à titre de concession,

un système de récompenses, pour remplacer les
brevets. « Il en est cependant, disent-ils, qui esti-
« ment qu'un encouragement est encore salutaire à
« l'esprit d'invention...... Ceux-là appelleront dans
« nos codes l'établissemeut d'un système de récom-
« penses pour les inventeurs..... Que de voies sont
« d'ailleurs ouvertes pour la récompense sans que
« le législateur soit contraint de recourir au privi-
« lège exclusif ! N'a-t-il pas à sa disposition les dis-
« tinctions honorifiques, les avantages si divers que
« tout gouvernement peut répartir, les pensions, les
« allocations pécuniaires même ? Qu'on convie à y
« prendre part les inventeurs vraiment dignes de
« ce nom seulement, s'imagine-t-on assumer par là
« un tribut fort lourd ? »[1]

Ces récompenses seraient nécessairement très
rares, et la grande majorité des inventeurs aurait à
subir une dépossession gratuite ; il n'est pas besoin
d'insister longuement pour établir que ce système
ne pourrait recevoir quelque extension, et que l'expropriation contre indemnité, des inventions, singulièrement onéreuse pour l'Etat, serait impratica-
ble dans sa généralité.

Tout d'abord les inventions d'une importance
restreinte sont extrêmement nombreuses ; la plupart d'entre elles n'intéressent qu'une branche spé-

[1] Picard et Olin, p. 27.

ciale d'industrie, et ne s'adressent qu'à un petit
nombre de fabricants et de consommateurs ; acheter
des deniers publics ces inventions, serait faire un
don que rien ne motive à la classe restreinte de personnes qui s'en servent, et qui sous le régime des
brevets paient de leurs deniers l'augmentation de
prix résultant du monopole.

Puis il est impossible d'estimer équitablement, à
forfait, la valeur d'une invention. Au moment où
elle naît, on ignore l'accueil qui lui est réservé et
son mérite échappe à l'analyse ; telle idée qui sem-
blait féconde, soumise à l'épreuve de la pratique,
voit s'évanouir ses promesses, telle autre produit
des résultats qui n'avaient pas été calculés.

Plus tard, et après une expérience prolongée, on
ne peut encore apprécier que d'une manière incertaine la part qui revient à une découverte dans les
progrès de l'industrie ; les inventions se suivent,
s'enchaînent et se remplacent ; celle-ci se serait-
elle produite si celle-là n'avait pas existé ? Quelle a
été l'influence de la première sur la seconde, et celle
de la seconde sur les transactions industrielles ?
Cette influence sera-telle stérilisée demain par une
invention procédant d'un ordre d'idées différent ou
bien persévérera-telle pendant des siècles. Qu'en
sait-on et qu'en peut-on savoir, et dans cette igno-
rance de l'avenir comment fixer la valeur pécu-
niaire de l'invention ?

Combien ce système est dépourvu de toute précision et par conséquent de toute justice ; en fait, d'ailleurs, on peut tenir pour certain qu'il resterait inappliqué.

La loi du 7 janvier 1791 disposait que des récompenses nationales seraient décernées aux inventeurs qui ne prendraient pas de brevet ; le décret du 18 août 1810 décidait que les inventions de remèdes et produits pharmaceutiques, déclarées par la loi non brevetables, seraient achetées par l'État à leurs possesseurs, après examen de leur utilité ; la première de ces dispositions législatives est demeurée lettre-morte, la seconde est rapidement et complètement tombée en désuétude.

On peut toutefois concevoir des circonstances exceptionnelles dans lesquelles l'expropriation d'une invention brevetée viendrait à s'imposer comme une nécessité publique. Il s'agit, par exemple, d'un engin de guerre adopté par l'État [1], ou d'une invention ayant une telle supériorité, sur tout ce qui l'avait

[1] Une question spéciale s'est présentée relativement aux armes de guerre (C. de Paris, 11 janvier 1876, Boxer et Gévelot c. Chollet, *Annales de la propriété industrielle*, 1876 p. 90). Des cartouches brevetées ayant été vendues et livrées en grand nombre au gouvernement français en 1871, par un autre que le titulaire du brevet, celui-ci crut pouvoir poursuivre son concurrent, mais les tribunaux repoussèrent la demande. Nous ne pouvons qu'approuver cette décision, mais en ajoutant que l'État eût dû se conformer, envers le breveté, aux lois et règlements sur les réquisitions militaires, et l'indemniser de l'usage qu'il avait fait de sa chose.

précédé, qu'elle rende la concurrence impossible et dépossède une branche de l'industrie tout entière. Nous pensons, avec M. Pouillet [1] et conformément aux travaux préparatoires [2] qu'en pareil cas le principe d'expropriation pour cause d'utilité publique, posé d'une manière générale dans la législation française, devrait recevoir son application [3].

Quelques auteurs ont soutenu que l'équité exigerait que la propriété de l'inventeur sur sa découverte fut perpétuelle, et que sa réduction à un temps

[1] *Brevets*, p. 1.

[2] Chambre des députés, séance du 16 avril 1843, Huard, *Répertoire*, p. 366.

[3] La procédure de l'expropriation n'est pas réglementée, il est vrai, pour les objets mobiliers et encore moins, si l'on peut dire, pour les biens incorporels. Mais tout ce qu'on doit en conclure, c'est qu'une loi seule, et non un simple décret, pourrait déclarer l'invention brevetée d'utilité publique et en ordonner l'expropriation (Comparer la loi du 3 mai 1841, sur l'expropriation pour cause d'utilité publique, art. 2 et 3) et ce serait à cette loi à régler la procédure. La loi du 5 juillet 1844 prévoit, d'ailleurs, l'intervention du législateur pour des cas particuliers, dans les questions relatives aux brevets ; l'art. 15 stipule que leur durée pourra être prolongée par une loi ; la même marche se trouve tout indiquée en matière d'expropriation.

La loi allemande sur les brevets, du 25 mai 1877, admet à côté de l'expropriation des inventions déclarées d'utilité publique, un système de licences obligatoires dans certaines conditions, de sorte que le brevet ne confère plus un monopole exclusif, et donne droit à l'encontre des tiers qui veulent l'exploiter, à des redevances dont le montant est déterminé suivant une procédure spéciale. Bien qu'elle ait soulevé de sérieuses critiques de détail, cette innovation nous paraît devoir être approuvée en principe. Elle a été adoptée également par la loi anglaise du 1er janvier 1884.

limité est une spoliation de la part de la société [1].
Nous avons cherché à établir que cette assimilation
complète à la propriété des choses matérielles, n'est
pas conforme à la nature du droit de l'inventeur.

Ajoutons que ce droit ne peut se poser devant la
législation positive qu'autant qu'il est susceptible
de donner des fruits pécuniaires. Il suppose un état
de civilisation assez avancé et l'industrie arrivée
déjà à un certain développement. La loi, dans tous
les cas, doit tenir compte de la situation établie au
moment où elle intervient.

Or dans l'ordre scientifique et industriel, comme
dans toutes les branches des connaissances humai-
nes, les progrès procèdent les uns des autres, les
plus récents se rattachant par quelque côté aux
plus anciens. L'inventeur trouve dans le domaine
public le terrain préparé pour ses travaux ; il bâtit
sur un fonds de connaissances acquises et consti-
tuant une part du patrimoine intellectuel transmis
par les générations passées à la génération présente ; le point d'arrivée de ses devanciers est son
point de départ ; qu'il élève leur édifice d'un étage
et qu'il ait droit à une récompense, cela est pour
nous incontestable ; que cette récompense consiste
en une jouissance exclusive sur son invention pen-

---

[1] Huard, *Législations françaises et étrangères*, p. 8 et 9.

dant un certain laps de temps, cela nous paraît fort juste, mais son droit ne saurait aller jusqu'à interdire à perpétuité, à autrui, de profiter des idées émises par lui, comme il a lui-même profité des idées mises en lumière par ses prédécesseurs. Il a trouvé dans le domaine public des matériaux apportés par d'autres et dont il n'a pu se servir que parce que ceux-ci n'étaient pas en possession d'un droit perpétuel ; il est juste que son œuvre aussi fasse retour au domaine public à un moment donné.

Il y a plus, l'invention récente peut stériliser celles qui, moins parfaites, l'ont précédée. L'inventeur le dernier venu, cependant, n'a pas toujours la plus large part de mérite dans l'œuvre à laquelle il apporte son perfectionnement, et un droit trop absolu lui attribuerait exclusivement les bénéfices du travail d'autrui.

La perpétuité du monopole de l'inventeur offenserait donc la justice ; en pratique elle serait funeste et immobiliserait l'industrie en fermant le passage aux progrès à venir.

Nous pensons que le système des brevets temporaires atteint mieux que tout autre au but cherché ; il ménage à la fois les droits et les intérêts de l'inventeur et ceux de la société ; la concession que fait celle-ci vaut ce que vaut l'invention ; l'inventeur apporte à la société une chose dont l'estimation ne

peut être effectuée, c'est la jouissance même de
cette chose qui lui est garantie pendant un temps
déterminé : le prix est exactement proportionné à
la valeur de la chose.

Ce système est suivi par toutes les législations
qui ont réglementé la matière [1].

[1] Nous devons noter, cependant, que la loi brésilienne du 14 octobre 1882, sur les brevets d'invention, accorde à l'introducteur d'une industrie étrangère, non pas un brevet, mais une prime proportionnée à l'utilité de cette industrie, et aux difficultés de son introduction (art, 3). V. Picard et Picard, *Code général des brevets*, p. 164.

DES

CONDITIONS DE VALIDITÉ

DES BREVETS D'INVENTION

––––––

CHAPITRE I

NOTION DU BREVET.

1. — La loi du 5 juillet 1844 sur les brevets d'invention, n'accorde pas de plein droit sa protection à l'inventeur; il faut qu'il la réclame alors que sa découverte est encore à l'état de secret de fabrique.

Nous avons vu, en effet, que le monopole temporaire de l'inventeur résulte du contrat qu'il passe avec la société ; celle-ci a déterminé dans la loi les conditions auxquelles elle offre de s'engager, c'est à l'inventeur à examiner s'il les remplit et s'il a intérêt à accepter la transaction proposée.

En ce cas, il doit livrer à l'autorité publique, suivant les formes prescrites par les art. 5, 6 et 7, et dans le détail desquelles nous n'avons pas à entrer, la description de l'invention qu'il croit posséder ; il reçoit un titre, le brevet, constatant sa prétention et la date à laquelle elle se produit. Le contrat est formé entre la société et l'inventeur, si l'invention décrite par ce dernier est brevetable, autrement le brevet n'est qu'un titre apparent, dépourvu de toute valeur réelle.

2. — Le brevet est délivré sans examen préalable, et sans garantie de la réalité, du mérite ou de la nouveauté de la découverte[1] ; il ne fait foi, par lui-même que de sa date ; il marque l'heure de la naissance du monopole réclamé et le point de départ de sa durée, il reste opposable aux tiers tant qu'ils n'établissent pas que la description porte sur un objet connu à une date antérieure ;

---

[1] La loi des États-Unis, du 22 juin 1874, et la loi Allemande du 25 mai 1877 ont adopté le système de l'examen préalable. La loi Anglaise du 25 mai 1883 interdit la délivrance d'une patente lorsqu'il existe une patente antérieure pour la même invention.

le breveté puise alors dans son titre la preuve toute faite de la priorité de sa découverte, et par suite si les autres condition de brevetabilité exigées par la loi sont remplies, de la validité de son droit.

Le brevet n'est donc qu'un acte donnant date certaine à l'affirmation exacte ou non, de quiconque se prétend inventeur.

3. — Toutefois il ne peut être suppléé par un autre titre ; le dépôt d'un pli cacheté au secrétariat du conseil des prud'hommes, au greffe d'un tribunal, chez un notaire, au bureau d'une société savante, etc., pourra bien établir la priorité d'une découverte scientifique, mais non pas conférer les droits résultant d'un contrat synallagmatique, passé avec la société, et qui doit nécessairement revêtir les conditions de fonds et de forme déterminées par la loi.

CHAPITRE II

DES INVENTIONS BREVETABLES.

4. — Toutes les productions de l'esprit d'invention ne sont pas susceptibles d'être protégées par un brevet.

L'invention ou la découverte purement scientifique, qui élargit le domaine de la théorie, sans se
traduire par un effet industriel, ne confère que le
droit à la qualification d'inventeur ; notre loi n'a
d'autre objet que de réglementer les intérêts matériels qui naissent de l'invention et de sa mise en
œuvre ; et, à ce point de vue encore elle ne régit
qu'une partie de la propriété intellectuelle ; des lois
particulières concernent les œuvres artistiques ou
littéraires ; il en est de même pour certaines nouveautés industrielles : la création d'un dessin ou d'un
modèle de fabrique, met au jour des objets jusqu'alors inconnus, susceptibles d'acquérir une valeur
élevée et de tenir une place considérable dans les
transactions industrielles, mais qui, bien que dus à
un effort d'imagination, ne constituent pas au sens
propre des inventions. Celles-ci ne s'entendent,
dans notre matière, que des innovations qui modifient les conditions ou les résultats de la fabrication.

5. — Aux termes de l'article 1er de la loi du
5 juillet 1844 est brevetable : « Toute nouvelle
« découverte ou invention dans tous les genres
« d'industrie. »

Pour qu'un brevet puisse être valable il faut
donc :

1° Qu'il y ait invention ou découverte ;

2° Qu'elle soit industrielle.

3° Qu'elle soit nouvelle.

SECTION I. — **De l'invention et de la découverte.**

6. — La loi place sur la même ligne l'invention et la découverte, et nous suivrons son exemple en employant l'un pour l'autre ces deux termes indifféremment.

Leur valeur grammaticale n'est cependant pas identique ; d'après une définition généralement reçue « la découverte met en lumière quelque chose qui existait mais qui jusqu'alors avait échappé à l'observation, l'invention produit quelque chose qui n'existait pas auparavant » [1]. Cette distinction, à vrai dire, nous paraît fort superficielle.

L'invention n'est en effet qu'une variété de la découverte ; l'homme ne crée pas, il trouve : s'il rencontre et remarque, réalisée dans la nature, une chose qu'il ignorait, on dit qu'il y a découverte ; si procédant du connu à l'inconnu il arrive à une conclusion jusqu'alors inaperçue et que son travail ait porté sur des idées purement spéculatives, sur un théorème nouveau de géométrie, par exemple, on dit encore qu'il y a découverte ; si ce travail a

[1] Renouard, *Brevets*, p. 246.

porté sur des idées susceptibles de réalisation
matérielle, sur la combinaison de théorèmes de
mécanique pouvant prendre corps dans un appareil
nouveau, on dit qu'il y a invention. Or, le théorème
de géométrie, les théorèmes de mécanique préexis-
taient de la même manière, *in natura rerum*, à
l'effort intellectuel qui les a mis en lumière.

Le seul point dissemblable dans ces deux cas est
que la découverte restera théorique, tandis que la
mise en œuvre de l'invention exigera le fait actif de
l'homme. Cette différence même est relative aux
espèces que nous venons d'analyser ; la découverte
peut en effet produire quelque chose de nouveau,
nécessitant l'intervention humaine. C'est ainsi qu'il
y a quelques années, en réalisant par des moyens
artificiels des abaissements de température d'une
extrême intensité [1], on est arrivé à solidifier l'alcool
pur, et à liquéfier des gaz tels que l'azote et l'hy-
drogène, qui ne s'étaient jamais présentés sous
cette forme dans la nature ; il y a bien là des liqui-
des nouveaux, un solide nouveau, des objets nouveaux dus à l'intervention de l'homme, et cependant
ce serait une faute de langage de dire que l'homme
les a inventés. On *n'invente* pas, on *découvre* des
produits naturels.

1 Voir l'article de M. J. Jamin, *Revue des Deux Mondes* du 1er
septembre 1884.

La distinction entre l'invention et la découverte ne résulte donc que des habitudes du langage usuel et provient d'une analyse incomplète. L'homme ne crée rien de nouveau ; il peut seulement en pénétrant les secrets et en dirigeant les forces de la nature, permettre à une combinaison nouvelle de ces forces de produire un résultat qui n'avait pas encore eu l'occasion de se réaliser.

Cette distinction, en tout cas, est indifférente au point de vue légal.

7. — L'art. 2 de la loi du 5 juillet 1844, classe limitativement les inventions ou découvertes nouvelles : 1° en invention de nouveaux produits industriels ; 2° invention de nouveaux moyens ; 3° application nouvelle de moyens connus pour l'obtention d'un résultat ou d'un produit industriel.

§ 1. — *Du produit.*

8. — On nomme produit, tout corps certain, susceptible d'entrer dans le commerce et considéré au point de vue de ses qualités matérielles.

C'est par là qu'un produit industriel nouveau se distingue d'un autre. Ainsi un livre ou un objet d'art sont bien des corps certains, susceptibles d'être livrés au commerce, leur création peut même n'avoir d'autre but qu'une spéculation mercantile,

mais ils s'adressent ou ont la prétention de s'adres-
ser aux choses de l'intelligence ou du goût, ce sont
leurs qualités de cet ordre qui différencient tel
livre ou tel objet d'art des produits similaires ; ils
ne peuvent donc constituer des produits brevetables
à moins toutefois qu'ils ne présentent, au point de
vue matériel, une nouveauté comme le premier
livre à caractères en relief pour aveugles, une sta-
tuette phosphorescente dans l'obscurité, etc. Et en ce
cas, bien entendu, le brevet ne les protège que dans
leurs qualités matérielles.

9. — Une loi du 18 mars 1806 accorde aux dessins
de fabrique une protection qui peut être perpétuelle ; la plupart des auteurs et une jurisprudence qui
semble fixée, étendent les dispositions de cette loi
aux dessins industriels en relief ou modèles de fabrique ; il est parfois difficile de reconnaître si un
objet d'un aspect nouveau constitue un produit
brevetable ou un modèle de fabrique ; les industriels sont d'autant plus volontiers portés à s'y méprendre que la loi de 1806 leur offre des avantages
plus considérables ; ils se laissent tenter par la durée indéfinie du droit qu'elle confère, la simplicité
des formalités et l'extrême modicité de la taxe une
fois versée qu'elle exige. Lorsqu'une erreur de cette
nature a été commise et que l'inventeur a exploité et
divulgué son invention, son droit tombe ; nous

avons vu en effet qu'un autre titre ne peut remplacer le brevet. A quel *criterium* distinguera-t-on,
lorsqu'il existe des similaires dans l'industrie, un
produit nouveau d'un produit connu affectant une
forme nouvelle ?

L'invention est caractérisée par ses résultats.

Si le produit présente une utilité que n'ont pas
ses similaires, il est nouveau par là, et comme tel
brevetable ; au contraire, il constitue un modèle
de fabrique si les changements qu'il a subis ont
varié son aspect sans modifier son usage. [1]

10. — On s'est demandé si les produits naturels
sont brevetables, si par exemple, la découverte
d'un gisement d'une matière inconnue pourrait conférer à son auteur un monopole sur cette matière,
considérée comme produit nouveau, et lui donner
le droit d'en trafiquer seul ; nous ne pensons pas
que la controverse soit possible ; une semblable
découverte ne présente pas le caractère industriel [2].

---

[1] C. de Cass. 10 mars 1858. *Annales de la propriété industrielle*,
1858, p. 133. — Il s'agissait dans cette affaire d'une lanterne-phare
dont les dispositions étaient combinées de manière à obtenir une force
de projection de la lumière plus grande qu'auparavant. L'inventeur
l'avait déposée comme modèle de fabrique; mais les tribunaux ont refusé
de lui reconnaître un droit privatif à cause précisément des qualités
nouvelles que cette lanterne présentait ; ils ont jugé qu'elle consti-
tuait une invention, et quelle n'eût pu être protégée que par la prise
d'un brevet.

[2] Pouillet, nº 24 — Picard et Olin, nº 94.

Mais il va sans dire que la découverte des propriétés
particulières de cette matière nouvelle et de leur
application à l'industrie, aussi bien que la découverte et l'utilisation nouvelle des propriétés d'une
matière déjà connue, pourrait constituer une invention et valider un brevet [1].

11. — Lorsqu'un produit est breveté, son inventeur en a le monopole exclusif et les tiers ne peuvent fabriquer ce produit, même par des moyens
différents de ceux qu'il emploie.

§ 2. — *Moyens nouveaux.*

12. — On appelle moyens, les manières de pro-
céder qui permettent d'obtenir un produit ou un
résultat.

Nous venons de voir ce qu'il faut entendre par
produit ; c'est la chose livrée au commerce ; le résultat consiste dans la somme des avantages que
peut donner un certain mode de fabrication ou
plus généralement une certaine façon d'utiliser les
propriétés de la matière.

Le résultat est comme le produit, un effet ; mais

---

1 En ce cas ce n'est pas le produit qui peut être breveté,
mais seulement l'usage déterminé qu'en a trouvé l'inventeur, il y
a découverte de moyens nouveaux, ou application nouvelle de moyens
connus.

c'est un effet qui ne se présente pas sous l'appa-
rence d'un corps déterminé, défini, tangible. M. de
Barthélemy donnait à la Chambre des pairs l'exemple suivant : « Lorsqu'on mettait de l'eau dans une
« chaudière destinée à produire de la vapeur, il
« s'incrustait à ses parois des matières blanchâ-
« tres qui détruisaient cette chaudière ; on a trouvé
« le moyen, en y introduisant des pommes de terre,
« d'éviter l'incrustation. Il n'y a pas là un produit
« industriel, mais il y a un résultat industriel, en
« ce sens que les chaudières ne sont plus minées
« par ces espèces de petites croûtes qui se formaient
« sur leurs parois. »

A la différence du produit, le résultat n'est pas
brevetable, abstraction faite des moyens qui servent à l'obtenir ; dans l'espèce que nous venons de
citer, le résultat atteint est la préservation de la chaudière contre les mauvais effets des dépôts calcaires ; le
moyen employé pour parvenir à ce résultat, l'introduction de pommes de terre avec l'eau dans la
chaudière, pouvait seul être breveté ; et le brevet
n'eût pu faire obstacle à l'emploi par les tiers d'un
procédé autre, arrivant au même résultat et consis-
tant par exemple non plus à annihiler les conséquences nuisibles de la présence dans l'eau des
matières calcaires, mais à se servir d'un liquide
préalablement dégagé de ces matières.

6

« Le résultat, dit M. Pouillet, c'est le problème
« dont chacun a le droit de chercher la solution ;
« la solution seule appartient à celui qui l'a trou-
« vée, autant de solutions différentes, autant d'in-
« ventions, autant de brevets [1]. »

Ces principes ressortent du texte limitatif de l'art.
2. Leur adoption par le législateur ne peut d'ailleurs qu'être approuvée, autrement, c'est une vérité qui apparaît à chaque espèce nouvelle qui se
présente, le monopole de l'inventeur eût excédé
l'étendue de sa découverte et injustement et très
lourdement entravé l'industrie.

13. — L'invention de moyens nouveaux pour
l'obtention d'un produit ou d'un résultat industriel
est brevetable indépendamment de la nouvauté du
produit ou du résultat qu'ils permettent d'obtenir,
mais elle ne confère de droits à son auteur que sur
ces moyens seuls ; notons cependant qu'il peut y
avoir à la fois invention de moyens nouveaux et invention d'un produit nouveau ; en ce cas, le brevet
peut garantir tout à la fois les moyens et le produit.

§. 2. — *De l'application nouvelle.*

14. — L'application nouvelle de moyens connus
consiste à employer ces moyens en vue d'obtenir un

1 Pouillet, n° 26.

produit ou un résultat autres que ceux qu'ils avaient jusque là donnés ; elle est brevetable même lorsque ce produit ou ce résultat étaient également connus, mais n'avaient pas encore été réalisés de cette manière ; c'est ainsi que l'hélice était un moyen connu et employé pour faire monter l'eau dans un corps de pompe ; la propulsion des navires par l'entremise d'organes mécaniques était d'autre part un résultat connu ; il y a eu invention cependant à appliquer pour la première fois l'hélice à la propulsion des navires.

L'invention est donc nouvelle, bien que toutes les parties qui la composent, moyens et résultats, soient antérieurement connus : il faut en déduire que pour apprécier son caractère de nouveauté, c'est l'ensemble, le tout, qu'il faut examiner ; l'élément unique et suffisant de l'invention, en pareil cas, c'est la nouveauté du moyen relativement au résultat obtenu.

La règle que nous énonçons, apparaît ici avec évidence ; elle doit d'ailleurs être généralisée.

15. — Ce que nous avons dit à propos de l'invention des moyens nouveaux, sur l'importance de la nouveauté du produit ou du résultat, s'applique ici exactement ; mais nous devons remarquer que si la nouveauté du résultat est juridiquement indifférente, en fait elle constitue la meilleure preuve que puisse donner l'inventeur de la réalité de sa découverte.

16. — Il importe de ne pas confondre l'application nouvelle avec l'emploi nouveau de moyens, qui ne modifiant pas les résultats que ces moyens procuraient déjà, ne saurait être breveté. Un procédé sert à traiter une matière, il conduit à un résultat déterminé ; un tiers prend ce même procédé, l'applique à une matière différente, à un objet autre ; y a-t-il invention ? Oui, si le résultat est changé, non s'il reste le même ; c'est ainsi qu'il a été très justement jugé qu'il y avait application nouvelle de la filière, qui jusque-là n'avait servi qu'à étirer les métaux, dans le fait de l'employer pour donner une forme spéciale à un ruban de laine, (une chenille à poils hérissés que l'on transformait en une chenille à poils couchés) parce que la laine ainsi traitée se comporte autrement que ne le ferait un fil de métal et que son aspect et ses propriétés sont modifiés d'une manière différente ; [1] il y aurait *à contrario* simple emploi nouveau de la filière, à la faire servir à étirer pour la première fois une composition métallique présentant les propriétés habituelles des métaux.

Il a encore été jugé d'après les mêmes principes qu'il y a emploi nouveau, non brevetable, dans le fait de reproduire, au moyen de la photographie, de la musique imprimée, alors que la photographie

[1] C. de Cass. 11 mai 1883 ; *Annales de la propr. ind.* 1883 p . 160.

était depuis longtemps en usage pour la reproduction de tous les dessins, écrits et gravures[1], etc.

L'application nouvelle de moyens est un terme compréhensif dans lequel rentre l'application nouvelle d'un produit connu pour l'obtention d'un autre produit ou d'un résultat industriel ; le produit connu qui sert à obtenir un objet nouveau joue le rôle de moyen ; dans les exemples que nous venons de donner sur l'application nouvelle de l'hélice ou de la filière, etc., celles-ci peuvent être dénommées indifféremment un moyen ou un produit servant à obtenir un résultat.

17. — En résumé, il ne peut y avoir matière à brevet, pour une invention, que si elle rentre dans l'une des trois catégories précitées : *Produits nouveaux ; Moyens nouveaux ; Application nouvelle de moyens connus.*

SECTION II.

Du caractère industriel.

18. — Il résulte des articles 1 et 2 que pour qu'une invention soit brevetable, elle doit pouvoir être industriellement réalisée. Il faut qu'elle con-

[1] *Annales de la propr. ind.* 1858, p. 350.

cerne les produits ou les conditions de la fabrication : « Lorsque la loi exige un résultat industriel,
« dit M. Pouillet, elle entend un effet utile, tangi-
« ble, palpable, se résumant soit dans les créations
« d'un produit inconnu jusqu'alors, soit dans un
« emploi plus utile, dans une somme plus grande
« d'avantages tirés de produits fabriqués. »

Ainsi la solution d'un problème scientifique repré-
sentant parfois l'effort le plus élevé du génie d'invention, ne confère cependant et ne peut conférer
aucune propriété à son auteur. Quelle appropriation
Newton eût-il pu exercer sur la gravitation univer-
selle ; Harvey sur la circulation du sang ; Leverrier
sur la planète Neptune ?

La loi va plus loin, la découverte d'une théorie
scientifique qui peut conduire à des applications
industrielles ne confère aucun droit à son auteur
lorsqu'il n'a pas trouvé et indiqué ces applications.

Les travaux purement théoriques élèvent le ni-
veau intellectuel de l'humanité mais n'augmentent
pas immédiatement, par eux-mêmes, ses richesses
matérielles ; or la loi réglemente l'attribution des
bénéfices pécuniaires que l'invention peut produire,
pas autre chose. La découverte dans l'ordre scientifique ne confère à son auteur que le droit au titre
d'inventeur[1], et s'il la publie par l'impression ou

1 L'usurpation de la qualité d'inventeur par un tiers, peut, confor-

autrement, la propriété littéraire de sa publication ; mais pour que le monopole des brevets puisse s'exercer, il faut que ce monopole porte sur quelque chose de vénal.

19. — L'invention est brevetable quel que soit le genre d'industrie auquel elle s'applique, si toutefois cette industrie n'est pas nommément exceptée par la loi, et quelle que soit son importance ou son mérite ; si la découverte est minime, le monopole qui la protège n'aura qu'une portée et qu'une valeur restreinte, mais il ne sera pas pour cela permis aux tiers de s'en emparer. Il va sans dire cependant qu'un procédé irréalisable, ou une machine incapable de fonctionner, ne sauraient conférer aucun droit à leur auteur ; la théorie qui les a inspirés fût-elle par certains côtés ingénieuse et neuve, si elle n'aboutit à aucun résultat industriel et pratique, elle ne remplit pas les conditions exigées par la loi.

SECTION III.

Nouveauté.

20. — Pour pouvoir donner naissance à un brevet valable, il est nécessaire que l'invention ou la

mément à l'art. 1382 du code civil, motiver une action en dommages-intérêts.

découverte soit nouvelle, et c'est sur ce point que porte, dans la pratique, la très grande majorité des procès qui s'élèvent à l'occasion des brevets d'invention.

Aux termes de l'article 31 : « Ne sera pas réputée « nouvelle toute découverte, invention ou applica-« tion qui, en France ou à l'étranger, et antérieure-« ment à la date du dépôt de la demande, aura « reçu une publicité suffisante pour pouvoir être « exécutée. »

On n'accorde les privilèges d'un brevet qu'à une condition, c'est que celui qui le réclame dote la société d'une invention inconnue, d'une découverte qui n'était pas dans la circulation.

Si une invention a reçu une publicité suffisante pour pouvoir être exécutée, elle tombe dans le domaine public ; peu importe que cette publicité ait eu lieu en France ou à l'étranger, qu'elle résulte d'une publication dans un ouvrage imprimé, d'un usage hâtif de l'invention, d'un enseignement oral, etc.

Un amendement présenté par M. Marie, lors de la discussion de la loi de 1844, et qui énumérait les causes de divulgation, au dire de son auteur, d'une manière complète, fut rejeté comme ne s'appliquant pas à toutes les hypothèses possibles qui ne peuvent être prévues et classées *a priori*.

C'est donc la nouveauté absolue que doit avoir l'invention pour être brevetable ; la plupart des législations étrangères sont moins exigeantes sur ce point que la loi française [1].

21. — La loi autrichienne du 18 août 1882[2], considère comme une découverte, et protège à ce titre la résurrection d'une invention délaissée ; c'est une disposition qui n'a pas été généralement suivie par la législation des autres États [3], mais nous croyons qu'elle a sa raison d'être ; l'invention n'est généralement appréciée à sa valeur qu'après une mise en pratique à laquelle bien des causes diverses ont pu s'opposer ; le manque de fortune de l'inventeur, son inaptitude commerciale, la force d'inertie qui protège les systèmes en usage et constitue pour les innovations le plus redoutable des obstacles, beaucoup d'autres causes encore ont pu stériliser l'invention, elle est née, a passé inaperçue, puis est retombée dans l'oubli : nous pensons qu'après un long espace de temps écoulé le chercheur, l'archéologue si on veut, qui la retrouve, l'étudie, met en lumière ses avantages, les vulgarise, peut rendre ainsi à la société un service pratique, moins méritant,

---

[1] Seule en Europe, la loi turque du 1er mars 1880 est identique à la loi française ; son art. 37 est la traduction de notre article 31.

[2] Picard et Picard, *Code général des brevets*, p. 106.

[3] Notons, toutefois, qu'elle a été adoptée par la loi portugaise du 31 décembre 1852, art. 37, *ibid.* p. 748.

sans doute, mais de même ordre que l'inventeur. Il
eût mieux valu ne pas refuser à ce service sa récompense.

22. — Notre ancienne loi du 7 janvier 1791 dis-
tinguait entre la publicité donnée en France à
l'invention et celle qui avait eu lieu à l'étranger ; les art, 3 et 9 étaient ainsi conçus : Art. 3 :
« Quiconque apportera le premier en France une
« découverte étrangère jouira des mêmes avantages
« que s'il en était l'inventeur. » — Art. 9 : « L'exer-
« cice des patentes accordées pour une découverte
« importée d'un pays étranger ne pourra s'étendre
« au-delà du terme fixé dans ce pays à l'exercice
« du premier inventeur. » On concluait, de la combinaison de ces deux articles que l'invention ne
pouvait faire la matière d'un brevet d'importation
en France que lorsqu'elle était déjà brevetée à l'é-
tranger [1].

Malgré cette interprétation restrictive, une réac-
tion très forte s'était produite contre l'institution
des brevets d'importation ; dans le dernier état de
la doctrine et de la jurisprudence, on tendait à leur
appliquer les mêmes règles, sur la nouveauté,
qu'aux brevets d'invention. Un arrêt de la cour de
Paris du 11 août 1836 [2], décidait : « que si

[1] Blanc, *Traité de la contrefaçon* (édition de 1838), p. 53.
[2] Dalloz, 37, II, 16.

« le prétendu inventeur, au lieu d'une décou-
« verte nouvelle, ne donne à la société qu'une
« découverte déjà consignée et décrite dans des ou-
« vrages imprimés et publiés, le privilège qui lui
« avait été promis doit lui être retiré ; qu'il impor-
« terait peu qu'il n'eût pas eu connaissance des-
« dits ouvrages, qu'ils eussent été publiés seule-
« ment en pays étranger, et que même ils n'eus-
« sent pas encore pénétré en France... que ces
« principes s'appliquent également au brevet d'im-
« portation. »

Enfin les auteurs avaient été jusqu'à soutenir
que l'usage public de l'industrie à l'étranger était
opposable à l'importateur en France [1].

C'était refaire la loi et rayer son article 31 dont
la défaveur s'accentuait chaque jour.

La suppression des brevets d'importation, en
1844, eut lieu sans discussion, comme une réforme
qui s'imposait.

23. — Cependant l'expérience de la loi du 7
janvier 1791 a été appréciée en Belgique d'une manière différente; la loi du 24 mai 1854 qui a rem-
placé en ce pays notre ancienne loi sur les brevets,
s'est inspirée des principes qu'elle édictait; elle
admet bien que la publication de l'invention à
l'étranger, par la voie de l'impression, est destruc-

---

[1] Renouard, *Brevets*, p. 274. *Contrà* Blanc, p. 55.

tive de la nouveauté mais qu'au contraire son exploitation commerciale ne peut produire le même effet
que si elle a eu lieu sur le sol du royaume[1].

« Le but de la loi, disent MM. Picard et Olin, a
« été d'attirer sur le sol belge, par l'appât d'un pri-
« vilège, toutes les inventions dont on fait usage en
« pays étranger, même celles qui seraient déjà ail-
« leurs tombées dans le domaine public. »[2]

---

[1] Ajoutons : 1º que si l'exploitation commerciale en Belgique est
le fait de l'inventeur, elle n'est pas destructive de la nouveauté ; 2º
que la nouveauté est détruite lorsqu'il existe un brevet antérieur,
belge ou étranger, mais que le breveté étranger peut encore demander un brevet d'importation en Belgique.

[2] *Brevets*, p. 236. — Ce système tend à se répandre de plus en
plus dans les diverses législations qui réglementent la matière des
brevets.

Suivant la loi allemande du 25 mai 1877 (art. 2), l'invention ne
cesse d'être nouvelle que si elle a été décrite dans des ouvrages imprimés, ou pratiquée en Allemagne d'une manière suffisante pour que
les tiers experts en la matière aient pu la connaître et l'utiliser.

La loi autrichienne du 15 août 1862 (art. 1er) édicte les mêmes
règles (nous avons rapporté plus haut la particularité relative aux
résurrections d'inventions). Le droit d'importer une invention brevetée à l'étranger est réservé au titulaire du brevet étranger.

La loi des Etats-Unis du 22 juin 1874 (sec. 4886) suit également
ces principes; elle admet de plus que l'invention reste brevetable
même lorsqu'elle a été exploitée dans le pays par l'inventeur, pourvu
que la demande de brevet soit effectuée dans les deux ans qui suivent
l'établissement de l'industrie nouvelle, ou plus longtemps après, si
l'industrie après avoir été exploitée a été abandonnée.

La loi anglaise du 25 août 1883 ne tient compte, pour l'apprécia-
t'on de la nouveauté, que des faits qui se sont produits sur le territoire national.

La coutume suivie en Danemarck s'inspire du même principe. (Il

24. — Cette loi traite ainsi comme une invention originale l'importation d'une invention en Belgique ; nous croyons que c'est avec raison que le législateur de 1844 a renoncé à ce système ; le brevet concédé à l'importateur est généralement un tribut trop lourd que paie la société en échange du service qu'elle reçoit. L'invention exploitée ouvertement à l'étranger, si elle a quelqu'importance, ne peut tarder à être comme partout. Permettre au premier qui la signale de la monopoliser à son profit c'est donner un prix à la course, rien de plus. Quel mérite a l'importateur à copier ce qui existe ailleurs ? Quels risques a-t-il couru en exploitant un procédé expérimenté par d'autres, qui a fait ses preuves, dont il a pu constater les charges et les bénéfices pécuniaires ? Quel service sérieux rend-il en révélant un peu plus tôt ce que chacun aurait pu connaître sans grande peine ?

On objectera peut-être qu'une invention exploitée à l'étranger peut n'être pas connue de celui qui demande un brevet dans un autre pays, et qu'il serait bien dur de la lui opposer comme antériorité. Nous ne pensons pas que cet argument puisse être retenu ;

n'existe pas en ce pays de loi écrite sur la matière).

La loi espagnole du 30 juillet 1878, art. 3, permet de breveter une invention qui sans être nouvelle n'était pas exploitée en Espagne. La durée du brevet d'invention est de 20 ans ; celle du brevet d'importation de 10 ans lorsque ce brevet est délivré à l'inventeur breveté à l'étranger, de cinq ans lorsqu'*il est délivré* à un tiers.

ce fait sera très rare, et en tout cas il ne saurait infirmer les droits du domaine public.

Inventer une chose déjà connue, mais que l'on ignorait soi-même, c'est toujours inventer, sans doute, et la préexistence de l'invention faite par un tiers, n'enlève rien à la difficulté des recherches du second inventeur ni à leur mérite intrinsèque. Cependant l'invention ainsi rééditée n'ajoute pas à la somme des connaissances acquises à la société ; le travail qu'elle a coûté peut révéler la valeur intellectuelle de l'inventeur, mais les résultats matériels en sont nuls, la société ne reçoit rien et n'a aucune récompense à donner. Elle ne pourrait d'ailleurs la donner et concéder un monopole, qu'en dépouillant le public déjà en possession de l'invention.

25. — Cette dernière considération justifie dans une certaine mesure la rigueur dont la loi française use à l'encontre de l'inventeur lorsqu'il a imprudemment divulgué lui-même sa découverte. En ce cas, le droit au monopole est perdu. Les tiers, menacés dans leur liberté d'action, n'ont à contrôler que la nouveauté de l'invention décrite au brevet, et ne sont pas contraints, par surcroît, de rechercher pour quelles causes, et par suite de quelles circonstances la divulgation a eu lieu.

26. — Toutefois rien ne motive plus le système suivi par la loi de 1844, lorsque la divulgation se

produit dans des conditions qui ne peuvent laisser
supposer que l'inventeur ait eu l'intention de faire
au domaine public l'abandon de sa découverte ; lorsqu'elle résulte par exemple, uniquement d'une expérience qu'il a tentée sans prendre toutes les pré-
cautions voulues, d'une conférence qu'il a faite, d'un
écrit qu'il a signé, etc., et qu'il a ensuite demandé
son brevet dans un délai très court. Il y a là une
question de mesure dont on eût dû laisser l'appréciation aux tribunaux [1]. La rigueur dont la loi use
est défavorable aux progrès de l'industrie et tend à
augmenter le nombre des brevets sans valeur : celui
qui croit avoir conçu une invention, redoute de
multiplier les expériences dans la crainte de laisser

---

[1] On trouve, dans quelques arrêts, une tendance à réagir contre la
disposition trop absolue de la loi de 1844 ; c'est ainsi qu'un arrêt de
la Cour de Toulouse du 28 juin 1882 (aff. Alain Chartier et Cie, c.
Rességuier, *Annales de la propriété industrielle*, 1882, p. 279) avait
posé en principe que « la divulgation repose sur une présomption
« d'abandon par l'inventeur, de la propriété de sa découverte » ; et
admettait en conséquence que des expériences, commandées à l'inventeur par la force des choses, fussent-elles de nature à constituer
une publicité suffisante pour permettre la reproduction de l'invention,
ne sauraient cependant porter atteinte à la validité du brevet. Mais la
Cour de cassation (arrêt du 9 juillet 1884, *ibid.*, 1885, p. 58), tout en
rejetant le pourvoi formé contre l'arrêt de la Cour de Toulouse, en
s'appuyant sur des raisons tirées des faits relatés par cet arrêt, a pris
soin de déclarer que « la divulgation de l'invention, lorsqu'elle est
« antérieure à la date du dépôt de la demande de brevet, soit que
« cette divulgation ait été volontaire, soit qu'elle ait été involontaire
« de la part de l'inventeur, fait tomber la découverte dans le domaine
« public ».

transpirer son secret ; il est poussé à prendre un
brevet hâtif, alors que l'invention est à l'état d'é-
bauche et qu'une étude plus prolongée et plus atten-
tive lui eût permis d'en tirer un parti meilleur ou
d'en reconnaître l'inanité.

Sans doute, lorsque l'invention est incomplète,
peut-elle être perfectionnée après la prise du brevet, et l'inventeur a-t-il la ressource de prendre,
pour faire protéger ses perfectionnements, un nouveau brevet ou un certificat d'addition ; seulement
il n'y a pas toujours intérêt, et en ce cas le domaine
public peut être lésé ; l'art. 30 prononce comme
nous le verrons plus loin, la nullité du brevet lorsque l'inventeur a gardé le secret des vrais moyens
qui constituent son invention ; or cette cause de
nullité n'est pas applicable aux perfectionnements
que l'inventeur a trouvés après coup ; rien ne l'o-
blige donc à les révéler [1].

27. — La loi du 23 mai 1868 a porté une première exception à l'art. 30 de la loi de 1844 ; elle
protège l'inventeur dont les produits non brevetés
encore, sont admis à figurer dans une exposition

---

[1] Si un tiers trouvait à son tour ce perfectionnement et le faisait
breveter, il ne pourrait l'exploiter pendant la durée du brevet principal (art. 19) ; il ne pourrait non plus, contraindre le breveté primitif à
cesser l'exploitation de ce perfectionnement, puisque ce breveté pourrait lui opposer, dans notre espèce, l'exception fondée sur la possession personnelle antérieure (V. *infrà*, n° 38).

publique, autorisée par l'administration ; la publicité donnée à l'invention, dans ces conditions, ne fait pas tomber le droit au brevet, pourvu que l'inventeur ait eu soin de se faire délivrer, dans le mois qui suit l'ouverture de l'exposition, un certificat descriptif de l'objet exposé.

Ce certificat est délivré gratuitement par le préfet ou le sous-préfet ; il assure à celui qui l'obtient les mêmes droits que lui conférerait un brevet d'invention, à dater du jour de l'admission jusqu'à la fin du troisième mois, qui suit la clôture de l'exposition.

Cette loi permet à l'inventeur de comparer, avant d'effectuer sa demande de brevet, ses produits à ceux de ses concurrents ; et par conséquent de ne prendre un brevet que s'il pense que son invention présente des avantages sur les objets similaires.

28. — La convention internationale du 20 mars 1883[1] a de même apporté, dans une espèce particulièrement favorable, un sage tempérament à la règle édictée par la législation française en matière de

[1] *Annales de la propriété industrielle, artistique et littéraire*, 1884, p. 289. Les États qui ont conclu cette convention sont : la France, la Belgique, le Brésil, l'Espagne, le Guatémala, l'Italie, les Pays-Bas, le Portugal, le Salvador, la Serbie, la Suisse ; depuis, l'Angleterre, la Tunisie, l'Equateur, Saint-Domingue, la Turquie, la Suède et la Norwège, y ont adhéré. La convention peut être invoquée par les sujets de ces États et par les personnes qui y sont domiciliées, ou même y ont seulement un établissement industriel.

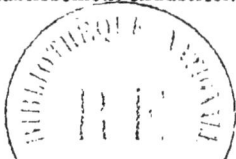

nouveauté. L'auteur d'une invention brevetée à l'é
tranger peut obtenir, aux termes de l'art. 29 de la
loi de 1844, un brevet en France ; mais cette faculté
cesse lorsque la description de l'invention jointe à la
demande du brevet étranger a été publiée, puisqu'alors l'invention n'est plus nouvelle ; cette faculté peut donc être exercée pendant un délai plus
ou moins long suivant que la législation étrangère
prescrit la publication de l'invention dans un délai
plus ou moins long après le dépôt de la demande du
brevet.

Or le système suivi par la loi de 1844 fait dépendre la validité du brevet français d'un accident sans
importance ; il est en effet sans intérêt pratique que
ce brevet soit pris avant ou après la publication du
brevet étranger ; cette publication devant nécessairement avoir lieu un peu plus tôt ou un peu plus
tard, le brevet pris en France n'ajoute rien, dans aucun cas, à la somme des connaissances que l'industrie eût acquises, à son défaut, par le brevet étranger
et par son exploitation.

Personne ne soutient plus aujourd'hui qu'il soit
juste ou utile d'exclure les inventeurs étrangers
du bénéfice de la loi sur les brevets ; il y a défaut
de logique à leur conférer un droit et à multiplier
inutilement les causes qui en entravent l'exercice.

C'est cette anomalie que la convention du 20

mars 1883 fait disparaître; aux termes de son article 4, l'inventeur qui prend un brevet dans l'un
des Etats contractants a un délai de six mois pour
effectuer sa demande dans les autres Etats, sans
qu'on puisse lui opposer la divulgation, qu'elle résulte de la publication de sa demande de brevet ou
qu'elle provienne de toute autre cause.

Les six mois expirés, on rentre dans le droit
commun, c'est-à-dire que le breveté étranger pourrait encore obtenir en France un brevet valable si
son invention n'était pas divulguée.

Pendant ce délai le brevet pris dans l'un des
Etats contractants ne confère pas à son titulaire,
dans les autres Etats, un droit exclusif sur l'invention brevetée, et l'exploitation de cette invention
par un tiers n'y constituerait pas une contrefaçon ;
mais les tiers hésiteront toujours à engager dans
une industrie nouvelle des capitaux, alors que le
libre exercice de cette industrie peut leur être enlevé ; en fait le monopole que le brevet confère à
l'inventeur s'étend donc, pendant un temps déterminé, au-delà de la frontière. En théorie pure, la
protection résultant de ce brevet étranger consiste
seulement à réserver à son titulaire la faculté de
demander un brevet dans les autres Etats, nonobstant toute divulgation ; mais c'est déjà un progrès
international, les effets du brevets ne sont plus ab-

solument bornés au territoire de la nation qui l'a concédé [1].

On ne peut encore constater les résultats pratiques de cette disposition de la convention ; nous ne pensons pas qu'elle soit de nature à augmenter le nombre des brevets pris en France par des brevetés étrangers. Le temps pendant lequel le breveté étranger peut exercer son droit est prolongé sans

---

[1] La convention du 20 mars 1883 avait été précédée dans cette voie, ou a été suivie, par la législation d'un certain nombre d'Etats.

La loi suédoise du 16 mai 1884 s'est presque modelée sur les principes qui régissent cette convention ; elle exige la nouveauté absolue, mais accorde à l'inventeur étranger un délai de 6 mois pour effectuer sa demande en Suède, pourvu toutefois que la divulgation ne résulte que de la publicité légale donnée à sa demande de brevet, ou de l'exhibition de l'invention dans une exposition internationale.

La loi italienne du 31 janvier 1864 (art. 4 et 5), la loi portugaise du 31 décembre 1859 (art. 2, 33, 40) exigent la nouveauté absolue mais admettent une exception en faveur de l'inventeur breveté à l'étranger, qui peut nonobstant la publicité donnée à sa découverte prendre un brevet tant que son brevet étranger n'est pas expiré ou que des tiers n'ont pas exploité l'invention dans le pays.

Sauf cette dernière restriction au droit de l'inventeur étranger, qui n'est pas mentionnée dans la loi, mais que probablement la jurisprudence supplée, la loi russe de 1833 (modifiée par une série de lois successives) suit les mêmes principes, tout en permettant (art. 8) dans « des cas exceptionnels et par faveur du gouvernement » de faire breveter l'importation d'une invention non brevetée à l'étranger et inconnue en Russie.

La loi autrichienne du 15 août 1852 (art. 3) et la loi belge du 24 mai 1854 (art. 13) réservent de même au breveté étranger le droit de prendre un brevet dans ces pays ; il résulte des dispositions de ces lois sur la nouveauté que la publication et l'exploitation du brevet étranger ne fait pas tomber le droit de l'inventeur.

Voir pour les Etat-Unis, *suprà* p. 88 note 2.

doute, mais auparavant il dépendait de lui de se
hâter et il lui était aussi facile de déposer sa demande de brevet en France, dans les quelques se-
maines qui suivaient la prise de son brevet à l'é-
tranger, que dans un délai de six mois ; d'autre part,
comme il ne pouvait sans en détruire la nouveauté,
expérimenter son invention au grand jour, et constater l'accueil que lui réservait l'industrie, il lui
fallait demander un brevet en France avant d'être
exactement fixé sur sa valeur. La convention aura
donc pour principal effet d'éliminer les brevets qui
portent sur des inventions vaines.

Nous n'avons pas besoin d'ajouter que la loi du
5 juillet 1844 continue à être applicable lorsque la
nationalité ou le domicile du breveté étranger ne
lui permettent pas d'invoquer le bénéfice de la convention.

29. — Quelle que soit la rigueur de notre loi,
elle n'admet pas qu'une publicité telle quelle
puisse être opposée au breveté ; aux termes de l'article 31, une invention ne cesse d'être nouvelle que
lorsqu'elle a reçu une publicité suffisante pour pouvoir être exécutée ; cela est de toute justice. On ne
peut dire que le public est en possession d'une invention, bien qu'on sache qu'elle existe et permette
d'obtenir tel ou tel résultat, alors qu'on ignore les
moyens de la mettre en œuvre.

Il faut conclure de là que la connaissance qu'un tiers aurait d'une invention qu'il tiendrait secrète, ne peut mettre obstacle à la prise du brevet par un autre inventeur, sauf les responsabilités de ce dernier au cas de fraude ou d'abus de confiance ; il y avait bien un secret de fabrique antérieur à la prise du brevet, mais ce secret individuel ne permettait pas aux tiers à un moment donné d'utiliser l'invention qui pour eux restait stérile [1].

30. — A plus forte raison doit-on décider que l'usage secret, même prolongé, que l'inventeur aurait fait de son invention, antérieurement à la prise de son brevet, ne saurait lui être opposé comme une divulgation ; l'invention préexiste nécessairement au brevet, et l'inventeur est seul juge du moment où il lui plaît d'aliéner son secret ; qu'il l'ait conservé à l'état théorique ou exploité, peu importe, la loi ne distingue pas ; pourvu qu'il ne l'ait pas révélé au public, son droit au brevet reste entier.

31. — Dans le même ordre d'idées, la confidence de l'inventeur à des tiers ne constitue pas une divulgation ; décider autrement d'ailleurs, serait interdire toute collaboration à l'inventeur et l'empêcher d'employer les ouvriers nécessaires à ses ex-

---

[1] C. de Cassation, 30 mars 1849, Sir. 50-1 70. — C. de Dijon, *Annales de la propriété industrielle*, 1857, p. 56.

périences. Un secret peut être possédé par plusieurs personnes sans cesser d'être un secret. C'est
un point à apprécier en fait.

32. — Cependant si le dépositaire du secret en
abuse, et vient à le révéler, le droit au brevet est
perdu. Le choix d'un collaborateur ou d'un confi-
dent malhonnête est une variété de l'imprudence
personnelle, et l'inventeur qui l'a commise ne peut
être préféré aux tiers dont les droits se trouvent
acquis par le fait de la publicité. Ce que nous avons
dit au sujet de la divulgation non intentionnelle,
émanant de l'inventeur lui-même, est exact ici pour
les mêmes raisons [1].

M. Dalloz (*Brev. d'inv.* n° 71) combat cette thèse
en s'appuyant sur l'art. 43 qui frappe d'une peine
plus forte le contrefacteur lorsqu'il est ancien ouvrier
ou employé du breveté, ou lorsque s'étant associé
avec un ouvrier ou employé du breveté il a eu connaissance, par ce dernier, des procédés décrits au
brevet. « Il s'agit évidemment dans ces textes, dit-il,
« d'une infidélité commise avant la demande et la
« délivrance du brevet, car après cette époque l'in-
« vention est portée à la connaissance de tous. »
Cette appréciation, sur laquelle repose le système,

---

[1] *Contrà*. C. de Rouen, 28 août 1857, *Annales de la propriété industrielle* 1857, p. 329. — C. d'Aix, 11 novembre 1863, *ibid.*, 1865,
p. 325.

ne nous paraît pas exacte; sans doute la description jointe au brevet donne à tous la connaissance de l'invention, mais c'est une connaissance théorique, pour la mise en œuvre de laquelle le contrefacteur, dans l'espèce, sent l'utilité d'une sorte d'apprentissage; or l'ouvrier du breveté possède la pratique des procédés nouveaux, et se trouve ainsi en mesure d'en diriger plus sûrement l'emploi. On conçoit que la loi frappe plus sévèrement une fraude qui se produit avec des circonstances aggravantes de mauvaise foi et d'intensité, mais il ne faut pas tirer de l'art. 43 autre chose que ce qu'il contient; il nous est impossible d'y voir une exception aux dispositions si précises de l'art. 31.

La révélation de l'invention avant la prise du brevet est punie par l'art. 418 du Code pénal, plus sévère que notre article 43, précisément parce que le fait qu'il prévoit est plus préjudiciable; cet article frappe le directeur, le commis, l'ouvrier qui communique ou tente de communiquer les secrets de la fabrique où il est employé; mais il ne dit pas qu'un secret ainsi divulgué reste le monopole de l'inventeur; celui-ci ne peut que poursuivre l'auteur de la révélation et lui demander la réparation du préjudice qu'il éprouve. Lorsque l'art. 418 du Code pénal ne sera pas applicable aux faits de la cause, son action se fondera sur l'art. 1382 du Code civil.

On s'est demandé si l'auteur de la divulgation qui exploiterait l'invention après qu'elle serait par son fait tombée dans le domaine public se rendrait coupable de contrefaçon et l'on a soutenu qu'il ne pourrait invoquer, pour échapper à des poursuites de ce chef, son fait délictueux. C'est ce que nous ne saurions admettre, des actions autres que l'action en contrefaçon sont à la disposition de la partie lésée, mais elle ne peut exercer cette dernière du moment qu'il n'y a plus de brevet valable. Remarquons cependant que les bénéfices tirés de l'exploitation de l'invention, par l'auteur de la divulgation, seraient une preuve de l'étendue du préjudice causé et devraient entrer en ligne de compte dans l'évaluation des dommages-intérêts. Il ne pourra donc en aucune manière bénéficier de sa faute.

33. — La description de l'invention, en fait, n'est mise par l'administration, à la disposition du public, qu'un certain temps après la demande du brevet. On s'est posé cependant la question de savoir si cette demande, lorsqu'elle est repoussée pour vice de forme, pouvait être considérée comme entraînant la publicité destructive de la nouveauté de l'invention, et on a proposé la distinction suivante : si la demande repoussée ne contenait pas de description de l'invention ou ne contenait qu'une description insuffisante, elle n'a rien

appris à personne, par conséquent elle ne constitue
pas une divulgation ; au cas contraire, les employés
du ministère ont eu connaissance de l'invention, qui
ne reste plus ainsi le secret de l'inventeur et perd
sa nouveauté. Cette doctrine ne nous paraît pas
exacte ; une demande de brevet, dans ces conditions,
ne peut jamais être considérée comme entraînant la
publicité. Les employés du ministère ont reçu une
confidence nécessaire, qu'ils ne pourraient révéler à
des tiers sans commettre une violation de secret pro-
fessionnel et sans tomber sous le coup de l'art. 378
du Code pénal. D'ailleurs l'art. 12 de la loi du 5 juillet 1844 qui prévoit le rejet d'une demande de brevet
dans des cas autres que l'insuffisance de la description, accorde sans distinguer certains avantages à
l'inventeur qui reproduit sa demande dans les trois
mois. C'est donc que le législateur considère qu'une
semblable demande pourra toujours être utilement
reproduite.

34. — Que décider lorsque, dans l'intervalle de
temps qui s'écoule entre le dépôt de la demande
d'un brevet et sa publication, un second inventeur
dépose à son tour une demande de brevet pour la
même invention ? Il n'y a pas eu de publicité destructive de la nouveauté, sans doute, mais le monopole du premier breveté était acquis (art. 8) ; aussi,
bien que l'art. 30 n'ait pas énoncé l'hypothèse, il

faut dire que le second brevet est certainement nul.

Le second brevet pris dans ces conditions, peut toutefois, en fait, avoir une certaine importance ; nous verrons que la connaissance qu'un tiers avait de l'invention, antérieurement à la demande du breveté, lui confère le droit de l'exploiter sans que le monopole lui soit opposable[1]. Or le second brevet, très rapproché en date du premier, peut être un puissant élément de preuve de la possession antérieure de l'invention, qui pour être décrite dans ses combinaisons définitives, parfois avec l'énumération d'expériences diverses, exige un laps de temps qu'on pourra, suivant les circonstances, faire remonter avec certitude à une date antérieure à la naissance du monopole du premier breveté.

35. — En dehors de l'hypothèse prévue par la convention internationale du 20 mars 1883 et dont nous avons déjà parlé, le brevet étranger ne confère en France aucun droit exclusif à son possesseur ; si donc il a précédé la demande d'un brevet français, mais n'a pas été publié encore, on ne peut invoquer pour annuler le brevet français ni le défaut de nouveauté ni l'existence d'un monopole acquis ; faut-il décider cependant, avec des auteurs considérables, que ce dernier brevet est nul ?

---

[1] Pourvu bien entendu que cette connaissance de l'invention ne résulte ni d'une confidence de l'inventeur, ni d'un abus de confiance.

Pour l'établir on raisonne ainsi : l'art. 52 déclare abrogées les dispositions légales antérieures à la loi de 1844 et notamment les dispositions relatives aux brevets pour importation en France d'une découverte étrangère ; or l'art. 29 établit des brevets d'importation dans un cas spécial, décidant que l'auteur d'une invention ou découverte déjà brevetée à l'étranger pourra prendre un brevet en France, mais suivant l'interprétation très nette donnée dans la discussion de la loi et qu'imposait d'ailleurs les termes des art. 30 et 31, cette faculté ne dure que tant que la description de l'invention est tenue secrète à l'étranger ; ainsi l'art. 29 prévoit l'hypothèse et réserve le droit de prendre un brevet en France au seul titulaire du brevet étranger ; pris dans ces conditions par un tiers il ne saurait être validé[1].

Cette argumentation ne nous paraît pas complétement démonstrative ; elle sera juste toutes les fois qu'il s'agira d'une importation d'invention, c'est-à-dire toutes les fois que l'auteur de la demande du brevet français aura eu connaissance de l'invention étrangère et prétendra la faire breveter à son compte, soit qu'il cherche à dépouiller l'étranger, soit qu'il s'entende avec ce dernier pour échapper

[1] Huard, *Prop. ind.*, n° 129. Comp. Pouillet, n° 409.

aux restrictions que l'art. 29 porte aux droits du breveté étranger qui prend un brevet en France. [1]

Mais ce n'est pas là exactement l'hypothèse proposée, et dans laquelle il est impossible de voir une importation d'invention ; il y a eu naissance simultanée d'une même invention à l'étranger et en France, fait assez rare mais possible cependant, si donc l'un des deux brevetés ne tient pas de l'autre la connaissance de l'invention, (et que d'une manière ou d'autre il parvienne à le prouver) la demande du brevet étranger, tant que la publicité n'a pas eu lieu, ne peut influer sur le droit.

36. — Une autre espèce a été soulevée à l'occasion de deux brevets successifs qui avaient été pris pour une même invention. Le breveté second en date poursuivait un tiers en contrefaçon ; ce dernier opposait l'existence et la publication du premier brevet, qu'à tort ou à raison il prétendait porter sur un procédé identique, et concluait que lors de la demande du second brevet, l'invention n'était plus nouvelle ; un arrêt ancien de la Cour de Cassation décida « que la publicité d'une invention ou ap-
« plication qui, conformément aux art. 30 et 31
« de la loi du 5 juillet 1844 ne laisse plus de cause

---

[1] Dans ces hypothèses, le brevet français ne serait pas nul ; mais il pourrait être revendiqué par l'étranger, dans le premier cas ; dans l'un et l'autre il serait soumis à l'art. 29.

« aux brevets postérieurs, ne peut s'entendre que
« d'une divulgation privée qui livrerait ladite inven-
« tion ou application au domaine public, et non de
« la communication faite par l'autorité, par suite
« d'une prescription légale. [1]

Cette jurisprudence ne saurait être approuvée,
elle apporte à l'article 31 une exception abitraire,
et cela en faveur de contrefacteurs qui, plus auda-
cieux que les autres, ne se contenteraient pas d'u-
surper une invention, mais encore copieraient et
s'attribueraient le brevet qui la protège ; comment
cette usurpation pourrait-elle motiver à leur profit
la protection de la vindicte publique et l'attribution
de dommages-intérêts ? Mais alors quelle serait la
la situation du véritable breveté vis-à-vis du tiers
condamné pour contrefaçon ; verrait-il les poursuites qu'il intenterait à son tour échouer sous pré-
texte que le fait est jugé et le préjudice réparé, et
ne lui resterait-il qu'un recours contre le premier
poursuivant peut-être insolvable. Comment les agis-
sements d'autrui pourraient-ils amoindrir ses droits ?
D'autre part le tiers qui une première fois aurait
subi sa peine et payé les dommages-intérêts, serait-
il condamné à les payer une seconde fois, à les payer

[1] Aff. Chabrié, C. de Cass. 8 juillet. 1848. — Sirey, 48, 1, 580. —
Conf. aff. Massé et Triboulet, C. de Cass. 7 mai 1851, Dalloz 51,
5, 62,

un nombre de fois indéfini, si un nombre de brevets indéfini avait été pris pour le même objet? Tout cela est inadmissible et évidemment contraire à l'art. 31 ainsi qu'à l'art. 45 qui refuse au ministère public le droit d'intenter les poursuites en contrefaçon autrement que sur la plainte de la partie lésée. La partie lésée, c'est le premier breveté ; et il ne peut dépendre d'un tiers de tourner cette disposition légale en se faisant délivrer par le gouvernement, qui n'a pas le droit de le refuser, un titre dépourvu de toute valeur. Puis enfin si le premier brevet est nul ou déchu, l'invention appartient au domaine public, on ne peut admettre qu'un particulier puisse la lui soustraire et se l'attribuer, c'est cependant ce que permettrait la thèse adverse.

37. — On a fait question de savoir si, lorsqu'une expérience scientifique a été publiée, un industriel peut s'approprier dans un brevet valable son application à l'industrie. La solution devra varier selon les circonstances de la cause et les difficultés techniques plus ou moins grandes que cette application présente. Si le breveté tire de la découverte théorique des conséquences qui avaient échappé au savant, et qui n'étaient pas de nature à apparaître à première vue aux personnes compétentes, s'il trouve des appareils ou des procédés spéciaux permettant d'utiliser commercialement l'expérience de labora-

toire, il est lui-même inventeur, ce qu'il a inventé
est à lui, mais cela seul ; il ne saurait au-delà prétendre à aucun droit privatif, eût-il par son initiative révélé la valeur d'un procédé injustement dé-
daigné jusqu'alors par l'industrie.

38. — Nous avons vu que la possession secrète
qu'avait un tiers de l'invention, antérieurement à la
prise du brevet, ne saurait être considérée comme
destructive de la nouveauté, le public n'étant pas
en mesure, avant les révélations qu'il a trouvées au
brevet, de tirer parti de cette invention. Mais doit-
on décider que la prise du brevet enlèvera au tiers
la jouissance du procédé qu'il connaissait, ou bien,
au contraire, que l'invention nouvelle pour le public, ne l'étant pas pour ce tiers, ne peut produire
d'effets qui lui soient opposables ? Il faut bien reconnaître que l'on arrive, en admettant cette dernière
solution, à créer, à côté du monopole du breveté, un
droit *sui generis* que le législateur de 1844 n'avait
pas prévu, mais cette solution est conforme aux
principes généraux et à l'équité ; le contrat passé
entre le breveté et la société ne peut déposséder
l'ancien propriétaire du secret de fabrique et lui
retirer l'usage d'un droit que jusque-là le code pénal protégeait ; ce serait une expropriation sans
compensations, sans indemnité, et sans cause, que

le silence de la loi spéciale n'est pas suffisant à au-
toriser [1].

La possession antérieure crée donc, à l'encontre
des poursuites en contrefaçon, une exception personnelle ; mais il ne serait pas exact de dire,
que le brevet valable à l'égard de tous autres est
nul à l'égard du tiers qui jouit de cette exception ;
aucun texte n'autorise à prononcer cette nullité ; la
plus importante des conséquences qui en résultent
est la suivante : lorsqu'un certificat d'addition se
rattache à un brevet nul, il est nul lui-même et le
perfectionnement qu'il contient suit le sort de l'invention principale ; dans notre espèce le certificat
d'addition portant sur un point nouveau pour le
tiers lui resterait opposable, bien qu'il n'en soit pas
de même du brevet; le brevet impuissant à le dépouiller de ses droits préalablement acquis, conserve ses autres effets juridiques.

Le tiers qui justifie de cette exception personnelle
peut dans une certaine mesure céder son droit, on
ne saurait lui interdire de s'associer des tiers ou de
vendre, telle qu'elle se comporte, l'usine où le fonc-
tionnement de ses procédés est organisé ; mais
alors « il est nécessaire, comme l'enseigne M. Pouil-
« let, qu'un lien direct et personnel rattache le

---

1 Sic Pouillet, 428. — Renouard, 44. — Nougrier, 508. — C. de
Cass. 23 févr. 1856. *Annales de la prop. ind.* 1857, p. 271.

8

« tiers jouissant du procédé à celui qui en avait la
« possession antérieurement au brevet, de telle
« sorte qu'ils soient en réalité les ayants-droit et
« comme les continuateurs de sa personne. S'il est
« juste de le maintenir dans sa possession, il serait
« inique qu'il pût aller colporter partout le pro-
« cédé, et faire ainsi échec au brevet ; c'est en dé-
« finitive une sorte de *statu quo* que l'on maintient
« à son profit. »[1]

39. — Nous avons vu que l'application nouvelle
de moyens connus pour l'obtention d'un résultat ou
d'un produit industriel est brevetable ; en pareil cas
chacune des parties qui compose l'invention peut
être dans le domaine public, l'ensemble n'en est
pas moins nouveau ; il ressort de cette disposition
légale que, pour apprécier la nouveauté d'une invention, c'est son ensemble qu'il faut considérer et
non chacune des parties isolées qui la composent.

Cependant la réunion d'organes divers, précédemment connus, ne peut constituer un ensemble brevetable, que si ces organes réunis donnent un résultat qu'ils ne produiraient pas en fonctionnant
séparément, autrement il n'y a rien de nouveau.
Un exemple fera comprendre notre pensée : il existe
dans l'industrie des moteurs à gaz liquéfié dont la

---

[1] Pouillet, *Brevets*, n° 432.

marche serait rapidement entravée par le froid in-
tense que la détente de ces gaz développe, si on ne
leur restituait la chaleur nécessaire ; d'autre part il
existe des moteurs à mélanges explosifs dont on
est obligé de refroidir les cylindres pour les empêcher de passer au rouge vif. Qu'un industriel réu-
nisse ces deux types de machines en une seule,
mais de telle sorte que leur force ne fasse que s'ad-
ditionner, sans que leurs défauts mécaniques soient
atténués, il n'y aura là qu'une simple juxtaposition
non brevetable ; qu'au contraire il les combine de
manière à ce que leurs inconvénients contraires se
compensent et se détruisent, il y aura une invention.[1]

40. — Perfectionner c'est inventer ; il ne suffit
donc pas qu'un objet analogue soit dans le domaine
public pour que l'invention perde son caractère de
brevetabilité, si pour une part elle est nouvelle ;
mais il va sans dire que le monopole ne la protégera que dans la mesure de sa nouveauté, et qu'il
laissera intacts les droits des tiers sur ce qui était
antérieurement connu.

41. — On enseigne généralement que le doute
sur la nouveauté de l'invention doit s'interpréter en
faveur du breveté, et que de simples présomptions

---

[1] Voir le *Cosmos* du 10 octobre 1878.

ne pourraient établir qu'avant la demande du brevet elle avait reçu une publicité suffisante pour pouvoir être exécutée. « Il s'agit de détruire un ti- « tre authentique, que le breveté a acquis moyen- « nant finances : il faut mettre à néant un contrat « que l'inventeur a passé avec l'administration agis- « sant dans l'intérêt de la société. Dès lors on « ne saurait admettre que l'on ait le droit d'in- « voquer contre le brevet des indices plus ou moins « vraisemblables, des documents dépourvus du ca- « ractère de certitude et d'authenticité. » [1] Bien que cette doctrine soit très répandue, et malgré l'autorité des auteurs qui la soutiennent, nous ne saurions l'accepter : le brevet délivré sans examen préalable ne fait foi que de sa date, il prouve qu'à la date du dépôt de la demande, le breveté était en possession de l'invention décrite au brevet, rien de plus ; sans doute c'est aux inculpés de contrefaçon qu'incombe la charge de démontrer qu'à cette date l'invention n'était déjà plus nouvelle, mais si les documents qu'ils apportent sont de nature à rendre leur assertion probable, le droit du breveté devient incertain, la validité du contrat qu'il a passé avec la société n'est pas établie, la base sur laquelle il appuie ses prétentions lui fait défaut.

42. — La question de savoir si une invention est

---

[1] Nouguier, n° 479. — Comp. Pouillet, n° 369.

nouvelle est une question de fait que le juge du fond décide souverainement, en ce sens que la Cour de Cassation doit considérer comme juridiquement vrais les points de fait admis par la décision judiciaire qui lui est déférée ; mais il lui appartient de rectifier les conclusions de droit qu'en a tirées le juge. Elle peut donc comparer les antériorités appréciées et décrites par l'arrêt avec l'invention décrite au brevet, et les arrêts qui ne lui fourniraient pas les éléments de cette comparaison seraient insuffisamment motivés. Le brevet est en effet une loi particulière qui régit les rapports de l'Etat et du breveté, et c'est pour la cour de cassation un devoir de vérifier si cette loi est valable et si les termes en ont été respectés [1].

CHAPITRE III

DES NULLITÉS DE BREVETS.

43. — Après avoir établi, dans les articles 1 et 2, les conditions nécessaires pour qu'il y ait matière à

---

[1] Arrêt de cassation du 21 juin 1862, Aff. Joly, *Annales de la propriété industrielle, artistique et littéraire*, 1864, p. 23. Cet arrêt déclare « que si le juge par un silence affecté ou par les affirmations « générales et vagues dans lesquelles il s'est renfermé, ne permet pas « de réviser l'appréciation qu'il a faite, de la rapprocher du brevet, « et ne livre aucun terme de comparaison à l'aide desquels on puisse « rechercher s'il en a suivi la loi, il tend par là à enlever à la cour de « cassation son droit de censure et de contrôle et viole ainsi une des « prescriptions de l'article 7 de la loi du 20 avril 1810. »

brevet, la loi de 1844 édicte, dans son article 30, plusieurs cas de nullité. Le brevet n'est donc valable
que s'il satisfait tout à la fois aux articles 1, 2 et
30. Ajoutons que ces textes ne sont pas limitatifs et
que nous trouverons plusieurs exemples certains de
nullité (voir nᵒˢ 50 et 62) qui ne rentrent pas dans
ces articles ou dans ceux auxquels ils renvoient ex-
pressément [1].

§ 1. — *Défaut de nouveauté.*

44. — L'article 30, p. 1, dispose que le brevet sera
nul « si la découverte, invention ou application n'est
« pas nouvelle. » Ce texte, d'ailleurs, fait double
emploi avec les articles 1 et 2. Voir *suprà*, nᵒ 20.

§ 2. — *Produits pharmaceutiques et combinaisons financières.*

45. — Est nul le brevet, « si la découverte, in-
« vention ou application n'est pas, aux termes de
« l'article 3, susceptible d'être brevetée. »

---

[1] Ajoutons, bien que cette question ne rentre pas dans le cadre que
nous nous sommes tracé, que le brevet, valable à l'origine, peut être
frappé de déchéance (art. 32 de la loi 1844, voir également l'art.
5 de la convention du 20 mars 1883 qui restreint l'une des causes de
déchéance) ; et qu'il cesse de produire ses effets légaux lorsque le
temps pour lequel il avait été concédé est expiré (5, 10 ou 15 ans.
Art. 4).

Suivant l'article 1ᵉʳ, la protection de la loi s'étend à tous les genres d'industrie, mais cette règle générale comporte des exceptions.

Aux termes de l'article 3, ne sont pas susceptibles d'être brevetés : 1° les compositions pharmaceutiques ou remèdes de toute espèce ; 2° les plans et combinaisons de crédit ou de finance.

A. — Compositions pharmaceutiques.

46. — L'interdiction qui porte sur les compositions pharmaceutiques ou remèdes de toute espèce a donné lieu lors de la discussion de la loi à de longs débats.

Pour justifier cette prohibition, Philippe Dupin, rapporteur de la commission à la Chambre des députés invoquait surtout le parti que le charlatanisme ne manquerait pas de tirer des brevets[1] : « ce « qui intéresse la santé publique est trop grave pour « qu'on puisse le livrer à tous les pièges, à toutes « les combinaisons du charlatanisme. Or tout le « monde reconnait qu'il existe un préjugé fâcheux « invétéré, une croyance populaire qu'on ne peut « déraciner, qui attache à l'obtention d'un brevet « l'idée d'une garantie pour l'utilité ou le mérite

---

[1] Ch. des députés, séance du 14 avril 1843. Huard, Répertoire (Brevets), p. 280.

« d'une invention ;.... ce préjugé n'a que de faibles
« inconvénients lorsqu'il s'agit de choses peu im-
« portantes qui entrent dans la consommation ou
« les usages ordinaires de la vie, mais lorsqu'il s'agit
« de la santé publique, les erreurs sont trop graves
« pour qu'on puisse livrer la crédulité à la merci
« du charlatanisme et au parti qu'il pourrait tirer
« des brevets d'invention. »

Il faut bien reconnaitre que cette objection contre
la brevetabilité des remèdes est à peu près sans valeur en présence de la législation sur les marques
de fabrique, qui n'édicte pas la même prohibition.
Les dénominations et les marques originales sont la
propriété de celui qui les emploie le premier ; un
spéculateur quelconque, l'inventeur ou tout autre,
pourvu qu'il soit en règle avec les lois sur la pharmacie, peut fructueusement employer la réclame
pour un remède nouveau ou ancien, et sans qu'il ait
besoin pour cela d'un brevet, la publicité qu'il fait
ne profite qu'à lui seul ; il y a plus : d'après la loi du
26 novembre 1873, la marque de fabrique peut être
revêtue d'un timbre de l'Etat contrôlant son authenticité matérielle, et il se rencontre des industriels
qui en profitent, pour créer une confusion dans l'esprit du public, en annonçant des produits portant
une marque garantie par le gouvernement et en
laissant entendre que c'est le produit même que
le gouvernement garantit et recommande.

L'existence d'un brevet, dont la citation doit être suivie de la mention de non garantie, ne pourrait rien ajouter aux inconvénients que présente la réclame, et le profit de cette réclame serait du moins assuré à l'inventeur, qui en fin de compte, n'est pas toujours un charlatan.

Mais la crainte du charlatanisme n'est pas la seule objection qu'on puisse élever contre la brevetabilité des remèdes, et ses partisans ne la défendaient qu'en admettant certains correctifs : « L'inventeur « du sulfate de quinine, disait M. Bethmont[1], était- « il l'inventeur d'un remède utile? Avait-il eu droit « par son travail et sa création à une propriété? ... « L'un de ces inventeurs, dans une brochure qu'il « vous a adressée a dit : Celui de nous, car nous « étions deux, qui avait un capital, l'a dissipé, et « moi, qui n'en avais pas, je n'ai perdu que mon « temps..... Pensez-vous que si ceux-là avaient eu « un brevet, ils l'auraient pour ainsi dire dérobé à « la société tout entière? Pensez-vous qu'il suffise « comme on l'a fait ailleurs de les appeler les bien- « faiteurs de l'humanité et qu'il ne faille pas leur « reconnaitre, tout au moins, le droit qu'on donne « à tous les inventeurs?... Sans doute, si un inven- « teur dans l'art de guérir, si celui qui aura trouvé

---

[1] Chambre des députés, 14 avril 1843. — Huard, Répertoire, p. 293.

« un remède important pour l'humanité a trouvé
« une chose tellement utile que la société doive lui
« demander le sacrifice de son droit, la société le
« pourra ; .... (mais) à celui dont on sacrifie la pro-
« priété on donne une indemnité. »

L'expropriation proposée par M. Bethmont était
d'ailleurs organisée dans la législation pour les produits pharmaceutiques ; ceux-ci ne peuvent être
préparés par les pharmaciens, en dehors d'une
ordonnance de médecin, que lorsqu'ils sont inscrits
au *Codex,* ou lorsqu'ils ont été publiés par le minis-
tre après approbation obtenue dans certaines conditions ; le décret du 18 août 1810 ordonnait que les
inventeurs des remèdes dont la fabrication serait
autorisée, recevraient une indemnité de l'Etat. Mal-
heureusement ce décret restait en fait absolument
inappliqué. L'Etat n'achèterait pas les remèdes,
eussent-ils une valeur réelle, et leurs inventeurs
bien loin de tirer des avantages légaux de leurs découvertes, s'exposaient en cas d'exploitation à des
poursuites correctionnelles pour débit de remède
secret. Cette situation qui menaçait d'immobiliser
les progrès de la pharmacie, a été modifiée par un
décret du 3 mai 1850 ; les produits pharmaceutiques
peuvent être autorisés aujourd'hui sans qu'une indemnité soit due à l'inventeur[1].

[1] On peut douter si ce décret abroge celui du 18 août 1810, ou

Nous pensons que le mieux serait de revenir sérieusement aux dispositions du décret du 18 août 1810, ou d'établir une législation analogue. En cette matière, le système d'allocations pécuniaires, allouées par l'Etat à l'inventeur, nous paraît préférable à celui des brevets ; il ne faut pas que les soins à donner à un malade puissent être entravés ou retardés parce que tel ou tel pharmacien aurait négligé d'acquérir une licence de tel ou tel inventeur.

Il a été déclaré, dans la discussion, que la prohibition qui frappe les compositions pharmaceutiques s'étend à l'art vétérinaire ; mais un amendement qui l'appliquait aux produits de la parfumerie et aux substances alimentaires a été rejeté.

B. — *Plans et combinaisons de crédit ou de finances.*

47. — Une combinaison financière ne présente pas le caractère industriel, elle n'est donc pas brevetable ; cependant, après la promulgation de la loi du 7 janvier 1791, plusieurs brevets avaient été pris pour des systèmes financiers ; l'Assemblée Nationale, considérant ces brevets comme « dangereux » et

bien établit une législation parallèle, permettant suivant l'importance de la découverte, d'indemniser ou non l'inventeur du remède. Dans la pratique, le décret du 3 mai 1850 est seul appliqué.

craignant qu'on ne cherchât à en tirer parti, en prononça la nullité dans une loi du 20 septembre 1792 et enjoignit au Pouvoir Exécutif l'ordre de n'en plus délivrer à l'avenir.

L'article 3 de la loi du 5 juillet 1844 reproduit cette prohibition. Mieux vaut que le législateur édicte une règle superflue que de risquer de faire naître, par une parcimonie de détails, une controverse de plus. Ce texte, d'ailleurs, n'est pas inutile, il résulte de l'art. 13 que lorsqu'une demande de brevet porte sur une invention que l'art. 3 déclare non brevetable, l'administration a le devoir de la rejeter[1].

Si cependant le brevet a été délivré, il est nul, aux termes de l'article 30.

---

[1] Les brevets dont la demande a été régulièrement formée sont délivrés, aux termes de l'article 11, sans examen préalable ; faut-il voir une exception à ce principe dans la disposition de l'art. 3 qui donne à l'administration le pouvoir de rejeter les demandes de brevets portant sur les produits pharmaceutiques et les plans de finance ? En aucune façon. M. Philippe Dupin, rapporteur de la loi à la Chambre des députés, formulait en ces termes le système de l'art. 3 (séance du 11 avril 1843, Huard, *Répertoire*, p. 290) : « De deux choses l'une : « ou celui qui veut un brevet pour une composition pharmaceutique « le demande ouvertement et il est repoussé sans autre examen par « un refus péremptoire ; ou bien il se cache et surprend le brevet « sous un faux nom, mais alors l'art. 29 (aujourd'hui l'article 30) dé« clare que le brevet est entaché d'une nullité radicale et cette nul« lité est appliquée par les tribunaux. » C'est après de longs débats et sur ces observations que l'art. 3 a été voté.

§ 3. — *Principes théoriques.*

48. — La nullité est encourue : « Si les brevets
« portent sur des principes, méthodes, systèmes,
« découvertes et conceptions théoriques ou pure-
« ment scientifiques, dont on n'a pas indiqué les
« applications industrielles. »
Voir *suprà,* n° 18.

§ 4. — *Industries illicites.*

49. — « Si la découverte, invention ou applica-
« tion est reconnue contraire à l'ordre ou à la sû-
« reté publique, aux bonnes mœurs ou aux lois du
« royaume. »
La nullité, en ce cas, résulterait déjà des principes
généraux ; le contrat intervenu entre la société et
l'inventeur et fondé sur une cause illicite tomberait
sous le coup de l'art. 1131 du Code civil.

50. — Comme interdits par un texte de loi formel, on ne peut citer que les brevets rentrant dans
les prévisions de l'art. 3. Un cas spécial de nullité
s'induit de l'art. 8 [1] ; on devrait encore placer dans

---

[1] Voir *suprà,* n° 34.

cette catégorie les inventions qui « contrarieraient
« une disposition légale en permettant de perpétrer
« un fait délictueux » [1]. Ce serait au juge du fait à
apprécier si l'invention est contraire aux bonnes
mœurs, le législateur ne les a pas définies « com-
« prenant qu'elles varient avec les progrès ou la
« décadence d'un peuple [2]. »

Il ne s'est pas rencontré, dans la pratique,
d'invention qu'on puisse qualifier de contraire à
l'ordre et à la sûreté publique : « Nous ne connais-
« sons pas, dit M. Pouillet, un seul exemple de bre-
« vet pris pour un des objets dont il s'agit ici ; nous
« n'imaginons même pas une découverte industrielle
« qui soit contraire à l'ordre ou à la sûreté publique.
« Quel objet, en effet, peut être par lui-même, et
« indépendamment de son emploi, contraire à l'ordre
« ou à la sûreté publique ? Même une machine in-
« fernale n'est pas nécessairement contraire à la
« sûreté publique, car elle peut constituer, à l'oc-
« casion, un engin de guerre d'une haute impor-
« tance » [3].

Nous pensons toutefois qu'en pareille circonstance, les tribunaux devraient tenir compte des
intentions avérées du breveté ; si la description énumérait et vantait les facilités que l'invention pré-

[1] et [2] Picard et Olin, n⁰ˢ 129 et 130.
[3] Pouillet, n⁰ 81.

sente à troubler la sûreté publique, notre article trouverait son application.

51.—L'invention relative à un objet rentrant dans une des industries monopolisées au profit de l'Etat, d'un particulier, ou d'une classe de particuliers, ne saurait être considérée comme contraire à la loi ; si donc un brevet porte sur la préparation de la poudre, du tabac, des allumettes chimiques, sur un perfectionnement à un brevet non expiré, sur un instrument de chirurgie dont l'usage est réservé aux seuls médecins, etc., l'exploitation resterait bien interdite à l'inventeur, mais il pourrait céder son brevet aux possesseurs du monopole, qui, de leur côté n'auraient pas le droit de s'en emparer.

L'art. 19, concernant les brevets de perfectionnement, donne une application de ce principe.

§ 5. — *Inexactitude frauduleuse du titre.*

52. — Lorsque la demande n'indique pas un titre renfermant la désignation sommaire et précise de l'objet de l'invention, elle doit être rejetée (art. 6 et 12) ; si cependant l'administration passe outre, et délivre le brevet, l'irrégularité n'est pas assez grave pour que la nullité soit prononcée. Elle n'est encou-

rue que si le titre sous lequel le brevet a été demandé indique frauduleusement un objet autre que
le véritable objet de l'invention ; il faut qu'il y ait
mauvaise foi et non simple faute du breveté. La
mauvaise foi, en pareille circonstance, est fort difficile à établir ; les auteurs et la jurisprudence s'ac-
cordent à décider qu'elle ne se présume pas et que
c'est au demandeur à la prouver, aussi, bien que ce
moyen ait été soulevé à plusieurs reprises devant
les tribunaux, nous ne connaissons pas d'espèce où
il ait abouti [1].

§ 6. — *Vices de la description.*

53. — La nullité est encourue « si la description
« jointe au brevet n'est pas suffisante pour l'exécu-
« tion de l'invention, ou si elle n'indique pas d'une
« manière complète et loyale les véritables moyens
« de l'inventeur ».

Le breveté doit en échange de son monopole tem-

---

[1] Voir notamment, C. de Paris, 28 fevr. 1867, *Annales de la propr.
ind.* 1867, p. 258.

C. de cass. 26 janv. 1866, *ibid.*, 1866, 88.

C. de cass. 8 juin 1869, *ibid.*, 1869, 266.

C. de cass. 12 juill. 1869, *ibid.*, 1869, 273.

C. de cass. 22 nov. 1879, *ibid.*, 1880, 148.

poraire, la révélation des moyens nécessaires à l'exécution de son invention ; si la description est insuffisante à remplir ce but, il n'a rien livré au public et ne peut de son côté prétendre à aucun droit ; quels droits d'ailleurs pourrait-on lui reconnaître, s'il n'a pas pris soin de spécifier en quoi il les fait consister ?

Il faut que le brevet se suffise à lui-même, et s'il est nul, un acte ou un fait postérieur ne saurait le revivifier ; peu importerait qu'une exploitation au grand jour eût suivi l'obtention d'un brevet invalide et mis les tiers en mesure de tirer parti de l'invention pour la date de son expiration. L'inventeur en ce cas se trouverait dans la même situation que s'il avait divulgué sa découverte sans avoir de brevet. Il ne pourrait davantage remédier aux vices de la description primitive en prenant postérieurement un certificat d'addition [1] ; ce titre n'a de valeur que si le brevet auquel il se rattache est valable lui-même.

54. — Suivant l'art. 5, le breveté doit déposer avec sa demande les dessins ou échantillons qui seraient nécessaires pour l'intelligence de la description ; ces pièces complètent le mémoire descriptif qui ne doit pas être examiné isolément. Faut-il décider toute-

[1] C. de Paris, 9 déc. 1858, *Annales de la propr. ind.*, 1859, p. 167.

fois, que les dessins et échantillons suppléraient à toute description s'ils étaient suffisants à mettre en lumière la pensée de l'inventeur, si celui-ci, par exemple, s'était borné à déposer le dessin d'une machine apportant à des machines connues un perfectionnement simple, apparaissant à la première inspection, et sans qu'on puisse se méprendre sur son usage. On enseigne généralement qu'une description si concise qu'elle soit est indispensable à la validité du brevet, et la raison qu'on en donne c'est que l'art. 5, § 2, exige le dépôt d'une description, ce qui signifie bien « mémoire descriptif » et ne peut s'entendre des dessins et échantillons dont il n'est parlé qu'au paragraphe suivant. L'argument ne nous paraît pas décisif; l'absence de cette formalité devrait faire rejeter la demande, c'est la sanction qui frappe les irrégularités relatives à l'article 5, mais on ne saurait en ajouter une autre, et si l'administration a délivré le brevet, c'est l'art. 30, § 6 qui, réglant la question, doit seul, dans l'espèce, guider les tribunaux. Or ce texte exige bien une description suffisante pour faire connaître l'invention, mais ici le mot description est compréhensif et s'applique tout à la fois au mémoire, aux dessins et aux échantillons, qui ne sont pas mentionnés séparément. Peu importe que la pensée de l'inventeur soit traduite par des

ts ou par un dessin, ce qu'il faut c'est qu'elle
claire, et cela suffit.

es brevetés agiront prudemment, toutefois, en
ant de soulever cette cause de controverse.

5. — La loi n'exige pas le dépôt des échantil-
s en double exemplaire, les inventeurs feront
à de préférer les dessins ou photographies aux
antillons, d'autant plus que l'administration
, paraît-il peu de soin à conserver ceux qu'on lui
fie [1].

6. — Les tribunaux ont une certaine latitude
iterprétation pour apprécier cette cause de nul-
; ils doivent examiner si en fait la description
met ou non aux hommes du métier d'utiliser
vention décrite, sans qu'ils aient besoin de faire
-mêmes œuvre d'inventeur. Le doute, dans l'es-
e, s'interprète contre le breveté : « C'est lui qui
tipule, dit M. Pouillet, et aux termes de l'art.
162, les conventions, dans le doute, s'interprè-
nt contre celui qui stipule [2].

7. — Le brevet est de même nul lorsque le bre-
a dissimulé ses vrais moyens.

Une espèce s'est présentée où les échantillons, nécessaires à la
é de la description, avaient été égarés ; les tribunaux ont annulé
evet. C. de Douai, 29 juin 1859, *Annales de la propriété indus-*
le, 1860, p. 5.
Pouillet, n° 475.

L'hypothèse est-celle-ci : un inventeur a trouvé un procédé, puis avant de prendre son brevet, au cours de ses expériences, il le perfectionne et le rend plus expéditif, plus commode, moins couteux, enfin pour une cause ou pour une autre, préférable. La description qu'il donne est celle du procédé à l'état primitif ; il espère ainsi conserver le secret des perfectionnements trouvés en dernier lieu, et compte, en tout cas, que si ce secret est pénétré, son brevet tel qu'il est ne les protégera pas moins, puisque les tiers ne peuvent exploiter des perfectionnements que si le procédé primitif est lui-même dans le domaine public. Le breveté, en pareil cas, cherche à cumuler les bénéfices du brevet et du secret de fabrique ; c'est ce calcul que la loi déjoue ; elle a voulu réagir contre une tendance très-répandue chez les inventeurs et assurer à la société la plénitude des avantages auxquels elle a droit, en échange du monopole qu'elle confère.

Remarquons toutefois, avec M. Pouillet[1], que cette disposition n'est guère applicable dans la pratique, à cause des difficultés de la preuve ; l'inventeur, en effet, a pu ne découvrir les perfectionnements qu'il emploie qu'après la prise du brevet, et c'est au demandeur en nullité à prouver le bien fondé de la cause de nullité qu'il invoque.

[1] Brevets, n° 476.

7. — *Nullités spéciales aux brevets de perfectionne-*
ments et aux certificats d'addition.

58. — Est nul, le brevet s'il a été obtenu contrai-
ment aux dispositions de l'art. 18 qui décide
u'aucun autre que le breveté ou ses ayants droit
e pourra pendant une année, prendre valable-
ent un brevet pour un changement, perfectionne-
ent ou addition à l'invention qui fait l'objet du
revet primitif.

Au moment où une invention de quelqu'impor-
nce est conçue, son auteur peut n'en avoir vu tout
abord que les grandes lignes ; les questions de
tail ne le préoccupent pas au même degré, leur
ultiplicité d'ailleurs en compliquerait singulière-
ent l'étude théorique approfondie et exigerait une
pense d'imagination et de travail qui peut être
us utilement employé ; enfin l'expérience soulève
permet de résoudre des difficultés pratiques que
calcul n'avait pas prévues. Elles apparaissent
rès la prise du brevet, et aussitôt que l'inven-
on est mise en œuvre ; il était juste de réserver au
eveté le droit exclusif aux modifications dont l'u-
ge de son système révèle de prime abord la né-

cessité, et sans lesquelles l'invention resterait in
complète.

Mais les mêmes raisons de préférence, n'existen
plus à son égard pour les perfectionnements qu'
tarderait trop longtemps à trouver ; en ce cas, e
effet, ou bien ils ne sont plus le développemen
naturel et, en quelque sorte nécessaire de l'idé
primitive, ou bien le breveté est coupable de négli
gence. On rentre alors dans le droit commun.

Ainsi le breveté principal a la préférence sur le
changements ou perfectionnements pour lesquels
a lui-même, pendant l'année, demandé un certifica
d'addition ou un brevet, et le droit des tiers sur le
perfectionnements qu'ils apporteraient à la décou
verte naît seulement après l'expiration de la pre
mière année ; jusque-là il est conditionnel. Si aupa
ravant ils découvrent un perfectionnement, leur de
mande de brevet doit rester déposée sous cachet a
ministère ; l'année expirée, le cachet est brisé et l
brevet délivré.

Aux termes du § 7, 1°, de l'art. 30, lorsque le
tiers ne se seront pas conformés à cette dispo
sition de l'art. 18, leur brevet sera nul, et les per
fectionnements sur lesquels il porte tomberont dan
le domaine public. Ajoutons, qu'en fait, le brevet
principal se trouvera ainsi en profiter seul, puisqu'u
autre que lui ne pourrait les utiliser sans porte

atteinte à l'invention primitive, monopolisée à son profit.

59. — L'art. 18 ne fixe pas le point de départ du délai pendant lequel le breveté jouit du droit de préférence ; il faut décider qu'il coïncide avec la naissance du monopole et que l'année commence à courir du jour du dépôt de la demande, non de la délivrance du brevet ; cette solution, que rien n'autorise à contredire, présente cependant l'inconvénient de restreindre le temps pendant lequel l'inventeur peut se livrer en toute sécurité à l'expérimentation au grand jour de sa découverte, car tant que l'arrêté ministériel n'est pas signé, la demande peut être rejetée pour vice de forme, et l'inventeur doit redouter les effets d'une divulgation, [1] les leçons qu'il peut tirer de l'expérience sont donc, en fait, restreintes à un temps moindre qu'une année.

60. — On s'est demandé si le breveté qui a découvert un perfectionnement jouit d'un nouveau délai de préférence pour les modifications qu'il lui apporterait ultérieurement. Nul doute qu'il n'en soit ainsi, lorsqu'il s'est contenté de le protéger au moyen d'un certificat d'addition ; les dispositions légales exceptionnelles sont de droit étroit, et l'art. 18 n'accorde de préférence qu'au titulaire d'un brevet.

1 C. de Paris, 17 févr. 1883, *Annales de la propr. ind*, 1884, p. 109.

Mais si, dans ces conditions, l'inventeur a pris un second brevet, le texte de l'art. 18 nous paraît devoir être appliqué. Perfectionner c'est inventer, et le brevet qui porte sur un perfectionnement a une existence absolument propre ; les droits que l'inventeur y puise ne sont en rien amoindris ni modifiés par l'existence de son brevet primitif. On objecte qu'avec ce système il suffirait à l'inventeur de prendre, à l'expiration de chacune des années de son privilège, un brevet de perfectionnement, pour absorber indéfiniment les droits des tiers ; cet argument n'est pas déterminant ; tout d'abord le droit de préférence de l'inventeur n'existe ici que sur les développements du perfectionnement, non de l'invention primitive ; puis un brevet valable ne peut être pris que s'il y a invention ; or si le titulaire du brevet a une imagination assez féconde pour produire chaque année une invention nouvelle, pourquoi donc ses droits s'en trouveraient-ils amoindris ? [1]

61. — Le tiers, qui prend un brevet de perfectionnement, ne peut exploiter l'invention primitive qu'après l'expiration du brevet qui la protège, et réciproquement le titulaire du brevet primitif ne peut exploiter l'invention, objet du nouveau brevet.

[1] *Contra,* Bédarride, *Brevets,* n° 239. — Pouillet, n° 175.

62. — Aux termes du § 7, 2°, de l'art. 30, sont nuls les certificats d'addition relatifs à des perfectionnements qui ne se rattacheraient pas au brevet principal.

Le breveté ou les ayants droit au brevet ont, pendant toute sa durée, le droit d'apporter à l'invention des changements, perfectionnements ou additions ; ils peuvent les protéger, soit au moyen d'un nouveau brevet, dont l'existence reste indépendante du brevet primitif, soit au moyen d'un certificat d'addition, qui devient partie intégrante de ce brevet, et prend fin avec lui. En ce dernier cas la taxe à payer est minime.

A première vue, le certificat d'addition peut sembler inutile au breveté, personne autre que lui n'ayant le droit d'exploiter l'invention principale, et par suite de jouir du perfectionnement qui la modifie ; dans la plupart des cas, en effet, il suffirait à l'inventeur, pour profiter seul du perfectionnement, de la divulguer et de la faire tomber ainsi dans le domaine public, afin que les tiers ne puissent se l'approprier par un brevet. Mais précisément le certificat d'addition donne le moyen d'effectuer cette publication d'une manière peu coûteuse, et en prenant date certaine. Il présente, en outre, un intérêt sérieux au cas où le perfectionnement pourrait s'appliquer à des objets autres que l'objet breveté.

Le certificat d'addition peut être nul pour l'une des causes quelconques qui frapperaient un brevet de nullité ; il peut encore être nul pour l'une des causes spéciales suivantes :

1° Si le brevet principal est lui-même nul, déchu, ou expiré (art. 16, 2°) ;

2° S'il est pris par un autre que le titulaire du brevet principal, ou ses ayants-droit (art. 16, 1°).

3° Si l'invention qu'il décrit ne se rattache pas à celle que le brevet principal protège (art. 30, p. 7).

Ces dispositions sont essentiellement fiscales ; on n'a pas voulu, notamment, que le breveté, à qui le bénéfice du droit au certificat d'addition est réservé, puisse, sans acquitter chaque fois les taxes imposées par la loi, protéger au moyen d'un brevet unique une série d'inventions distinctes.

La question de savoir si une invention est le perfectionnement ou la modification d'une autre, est du domaine des juges du fait.

POSITIONS

SUR LES MATIÈRES TRAITÉES DANS LA THÈSE.

Droit romain.

1° L'accession était un mode d'acquisition de la propriété reconnu par le droit romain, page 42.

2° Le lit du fleuve abandonné était acquis par accession au propriétaire riverain, page 39.

3° L'abandon volontaire d'une chose en faisait perdre la propriété avant même qu'elle n'eût été appréhendée par un tiers. Ce dernier acquérait par occupation la chose délaissée, page 31.

4° La portion de terrain détachée d'un fonds riverain par le courant du fleuve, et projetée contre un autre fonds en devenait partie intégrante, lorsque les arbres qu'elle portait y avaient poussé leurs racines, page 47.

Droit industriel.

1° Le doute sur la nouveauté de l'invention doit s'interpréter contre le breveté. page 115, n° 41.

2° La divulgation même frauduleuse, d'une invention, lui fait perdre son caractère de nouveauté, page 103, n° 32.

3° L'inventeur, qui dans l'année de la prise de son brevet, a pris un nouveau brevet pour un perfectionnement apporté à l'invention primitive, peut invoquer le bénéfice de l'art. 18 de la loi du 5 juillet 1844, pour les perfectionnements se rattachant à l'objet de se second brevet, page 135, n° 60.

4° Lorsqu'un brevet a été pris à l'étranger et n'a pas reçu de publicité, il ne constitue pas une antériorité à l'égard du brevet qui serait pris postérieurement en France par un inventeur autre que le breveté étranger, page 107, n° 35.

POSISIONS
SUR LES MATIÈRES ÉTRANGÈRES A LA THÈSE.

Droit romain.

1° Le mariage était un état de fait et non un contrat purement consensuel.

2º En définissant l'usufruit, Paul et Justinien n'ont pas entendu les mots *salva rerum substantia* dans le même sens. On doit les traduire, dans le texte de Paul (L. 1. D. L. 7, t. I) « sans consommer la chose » dans les *Institutes* (L. II, t. IV) « tant que dure la substance de la chose. »

3º Lorsqu'une somme d'argent avait été livrée à titre de donation et reçue à titre de prêt l'acquéreur en devenait propriétaire.

4º Même à l'époque de Justinien, le pacte et la stipulation d'usufruit ne conféraient pas au stipulant un droit réel.

Droit civil.

1º La loi du 5 juillet 1883, qui modifie l'étendue du recours du propriétaire contre les locataires, en cas d'incendie, (art. 1534, C. civ.) est applicable aux locations antérieures à sa promulgation, lorsque l'incendie a eu lieu postérieurement.

2º L'héritier réservataire qui renonce à la succession, ne doit pas être compté pour le calcul de la réserve.

3º La promesse synallagmatique de vente, lorsque les parties sont tombées d'accord sur la chose et sur le prix, transmet à l'acquéreur la propriété de la chose vendue.

4° La donation déguisée sous la forme d'un contrat à titre onéreux n'est pas valable.

Propriété littéraire et artistique.

1° La propriété littéraire ne tombe pas en communauté.

2° L'acquisition, par prescription, d'une œuvre d'art originale, n'entraîne pas l'acquisition par prescription de la propriété artistique.

Droit pénal.

1° Lorsque le tribunal correctionnel, saisi d'une action en contrefaçon, a apprécié l'exception tirée par le prévenu de la nullité ou de la déchéance du brevet, sa décision à cet égard n'a pas l'autorité de la chose jugée.

2° L'usage continu d'un objet contrefait constitue non un délit successif, mais une succession de délits distincts, soumis chacun séparément à la prescription.

Droit international.

1° Lorsqu'un traité diplomatique concède aux étrangers des droits moins étendus que ceux que leur donne le droit commun, c'est le droit commun qui doit être appliqué.

Vu par le président de la Thèse :

LYON-CAEN.

Vu par le doyen de la Faculté :

CH. BEUDANT.

Vu et permis d'imprimer :
Le vice-recteur de l'Académie de Paris :

GRÉARD.

TABLE DES MATIÈRES

FIN DE LA TABLE.

Laval. — Imp. et Stér. E. JAMIN, 41, rue de la Paix.